Silvio Pellico

Lettere alla scrittrice fiorentina
Quirina Mocenni Magiotti
(1830-1847)

Edizione critica
a cura di Cristina Contilli

Lulu.com
3101 Hillsborough Street
Raleigh, NC 27607

USA

Printed in 2013.

Prima edizione: marzo 2010

Seconda edizione: maggio 2013

Un ritratto di **Quirina Mocenni Magiotti,**
databile per il tipo di vestito e di pettinatura agli anni '30 dell'800.

# Introduzione

Tra gli amori di Silvio Pellico Curlo Curto ha voluto includere nell'edizione delle opere scelte dello scrittore saluzzese anche Quirina Mocenni Magiotti che il Pellico aveva conosciuto attraverso Ugo Foscolo e con cui costruirà un rapporto epistolare durato più di trent'anni (dal 1815 al 1847) che si intensificherà dopo la morte di Foscolo nel 1827 e la liberazione di Pellico dallo Spielberg nel 1830.[1]

A differenza, però, delle altre due donne importanti nella vita del Pellico, la nobile milanese Cristina Archinto Trivulzio e l'attrice fiorentina Teresa (Gegia) Marchionni (con cui il Pellico, anche se consapevole della difficoltà che deve affrontare, cerca di costruire un amore corrisposto e vissuto) Quirina rappresenta, invece, per lui l'amore ideale e "volutamente" lontano, come dimostra in modo inequivocabile una lettera dell'ottobre 1831, inclusa nella presente edizione: *"Tutti i sentimenti più affettuosi e più sacri s'uniscono in me, quando penso alle tue virtù e all'amicizia che m'hai posto per quella che stringeaci entrambi ad Ugo. Io anelo di conoscerti, e d'inginocchiarmi innanzi a te, come quel cavaliere d'una delle mie cantiche inedite, il quale arse tanti anni di vedere una Donna d'altissimo intelletto, che conosceva per fama, e finalmente si condusse a lei, e l'adorò, quale una delle più nobili rappresentazioni della Bontà Divina."*

---

[1] S. PELLICO, *Opere scelte*, Torino, Utet, 1978.

## 1.

[Milano, 28 settembre 1830]²

Il mio Luigi ti scrisse; ma io stesso ho bisogno di riparlarti di me, della nostra amicizia, dell'alto pregio in cui tengo la nobile anima tua. Ne' lunghi anni di dolore che m'impedirono di corrispondere con chicchessia, oh quante volte ho ricordato con venerazione le tue virtù, quante volte ne ho parlato col mio compagno indivisibile di stanza, ch'era uomo di cor gentile (Piero Maroncelli)! Con qual fraterna commozione e gratitudine ho letto, appena qui giunto, ciò che scrivesti a Luigi in aprile, dimandandogli, ov'io fossi. - Oh, amica! Ov'io era? Nella più solitaria e più misera della sepolture! - Iddio sia benedetto che me ne ha tratto, e che di più m'ha conservato ambo i Parenti e due fratelli e una sorella! - e alcuni amici - Ah, fra questi avrei voluto il mio Ugo! Ei non è più sulla terra!

Ho inteso con isdegno e rammarico, ottima Quirina, che i tuoi libri non ti sieno stati fedelmente tutti consegnati. Io li custodiva colla più religiosa cura, e niuno ne mancava. Ma, pur troppo, il depredamento avvenuto de' libri non mi sorprende, dopo quello che toccò a non pochi degli oggetti miei. Furono servi o sgherri, o chi mai i ladroni? Lo sa il cielo. Ne fremo - non più omai per le perdite fatte da me - ma per le tue. Sappi, amica, che quando fui rapito al mondo, m'adoperai quanto più potei, onde ti si facesse ritirare a tempo e con sicurezza i libri tuoi. Ricevetti tu almeno le lettere che ti scrissi? - Me sventurato! chè il mio infortunio dovette nuocere non a me solo, ma a parecchi de' miei carissimi, ed anche a te!

Giunsi qui malato, e stento a ristabilirmi. Come stai tu? - Scrivimi, e saluta quelli fra i tuoi conoscenti che mi amano. Havvi nel loro numero Gino Capponi? Montani?

Addio, egregia e cara sorella. T'abbraccio con tutto il cuore.

---

² Autografo nella Biblioteca Marucelliana di Firenze (Manoscritti D36). Pubblicata in S. PELLICO, *Lettere alla donna gentile*, pubblicate a cura DI LAUDOMIA CAPINERI-CIPRIANI, Roma, 1901, pp. 62-64. La lettera porta l'indicazione: *Milano*, ma si tratta di un errore, perché Silvio Pellico, liberato dallo Spielberg il 1° agosto 1830, era giunto a Torino il 17 settembre dello stesso anno. Io credo che questo errore possa testimoniare il desiderio del Pellico di tornare nella Milano felice della sua giovinezza. Secondo C. Curto (PELLICO, *Opere scelte*, cit.) invece questo "errore è significativo: la sua vita d'ora in poi è un perpetuo obliarsi nel passato".

Il tuo aff. [mo] Silvio

Milano, 28 settembre, 1830

2.

Torino, 12 novemb. 1830[3]

Preg. [ma] Amica

La vostra cara lettera mi trovò in alquanto misera salute. Comincio ora a sentire l'influsso benefico dell'aura nativa, e vado riacquistando forza di giorno in giorno. Egregia Quirina! Tutte le parole della vostra lettera si sono scolpite nel mio cuore : quanta dolce premura! quanta generosità nel volermela subito esprimere! e con sì amichevoli, caldissime espressioni! Avess'io potuto volare al vostro fianco e spargere sulla vostra mano le lagrime della mia gratitudine - ahi! Miste ad altre dolorose! Quelle onde grondano i nostri cuori per la perdita che facemmo di quel caro uomo, che sì pochi conobbero come noi! - Tante settimane sono trascorse, dacché leggo e rileggo i vostri caratteri, e li porto sempre sul mio petto; e sì tardo fui a rispondervi! Non potete immaginarvi, ottima amica, quante sollecitudini, oltre l'inferma salute, mi rapiscano il tempo, ad onta ch'io non compaia ancora in società.

Ah, Quirina! questi dieci anni che ci separano e che furono sì fecondi di dolore per me - ed, ahi, per voi pure - questi dieci secoli ci offrirebbero tante cose a dirci. E nella folla delle sensazioni, non trovo termini a spiegarle. - Ah, soltanto, se un giorno verrò a Firenze, credo che potrò esalarle. Intanto scriviamoci, scrivetemi, e parlatemi molto di voi e molto di Ugo!

Voi dite, che la mia vita avvenire sarà riconfortata da molte fortune, mentre chi scese nel sepolcro, non può più sperare se non lagrime. Sappi, amica, che sebbene io sia grato alla Provvidenza di avermi fatto rivedere questo italo sole e questo tetto paterno e questi dilettissimi volti che mi circondano ed i caratteri tuoi, la malignità che ho trovato nell'universale degli uomini è tale - e sì profonda è la mestizia che talvolta ne risento, ch'io invidio chi muore. Dopo tante sventure e tanti disinganni, è pure un gran benefizio l'avere un asilo sotterra, ove gli odii e le ingratitudini e le calunnie più non

---

[3] *Signora / Signora Quirina Magiotti / nata Mocenni / Firenze*
Autografo nella Biblioteca Marucelliana di Firenze (Manoscritti D36). Pubblicata in S. PELLICO, *Lettere alla donna gentile*, cit., pp. 64-66.

6

affliggono! E allora le generose tendenze conservate nell'animo e poste in azione da' buoni, non sono certamente perdute. Oh! io credo più in Dio che in me stesso: e ho fede di trovare un dì tra le sue braccia i carissimi che ho pigliato ad ammirare e che m'insegnarono il pregio della verità e della virtù - poi m'abbandonarono troppo presto!

Piero Maroncelli, un'anima pura, che'ebbi compagno in tutto il tempo della mia prigionia, itosene a Roma, ov'ha la madre, se ha potuto ricevere una mia lettera, scrittagli ne' giorni scorsi a Bologna, sarà venuto a mostrarvela e a dirvi quanta è la stima con cui gli ho mille volte parlato di voi.

Stampo ora due tragedie e quattro cantiche, e vi ho segnata, secondo il vostro gentile avviso, per due copie. Per pagare un tributo al gusto del tempo, lavoro ad un romanzo storico.

Vi prego d'una grazia: - di chiedere, o far chiedere al sig. avvocato Panattoni, segretario dell'Accademia Filodrammatica di Firenze, se abbia ricevuto la farsa intitolata *l'Atto V d'una tragedia*, stata rimessa al giovin Principe di Santa Croce, che promise di lasciarla al Gabinetto letterario del sig. Vieusseux, onde fosse recapitata. - E' una composizione di mio fratello - il quale mi incarica di porgervi i suoi ossequi.

Volgete qualche volta il pensiero a me : almeno una volta per ogni dieci ch'io penso a voi e benedico l'altezza dei vostri sentimenti. E quando il cuore vi domanda di spandersi, sovvengavi che il mio anela di godere con esso, almeno le gioie del dolore - poiché sì scarse sono le altre!

Addio, angiolo di virtù, addio, amatissima

Silvio vostro.

**3.**

Torino, 14 novembre 1830[4]

Amatissima Quirina, io ti scrissi l'altro giorno la mia seconda lettera - e ieri mi giunse la seconda tua, così sorellevole (o così materna, come vuoi) che nei fui vivamente commosso. E se San Leolino fosse stato meno lunge, avresti una lunga visita, tutta dolci affetti e sacre ricordanze ed effusioni di gioia e di compianto. - Tu mi chiedi il mio vero domicilio. Fu sbaglio di

---

[4] *All'Ornat. [ma] Sig. / Signora Quirina Magiotti / nata Mocenni / Firenze*
Autografo nella Biblioteca Marucelliana di Firenze (Manoscritti D36). Pubblicata in S. PELLICO, *Lettere alla donna gentile*, cit., pp. 67-69.

7

penna, come già capisci, la data di Milano, che posi alla prima lettera. Io te la scrissi qui nella casa paterna, ov'ebbi la fortuna di trovar vivi i miei genitori e due fratelli, - e nella quale sinora la mala salute ed i tempi m'hanno consigliato di starmi, cosicché posso dire d'aver bensì migliorato di sepoltura, ma di non essere ancora risorto al mondo. Ed il mondo è tale che non m'invita a risorgere, ma più e più mi affeziona alla pace del ritiro. La tua vita anacoretica a San Leolino è proprio secondo il mio cuore. E mi sentirei gran desiderio di dividerla con te. V'è nella tua offerta, oh anima veramente materna, una benevolenza sì cordiale, sì schietta, sì gentile, ch'io anelo più che mai di venirti a conoscere da vicino. Sono costretto a ritardare, ma tosto che potrò, mi metterò in pellegrinaggio pel tuo sospirato eremo. Ho sempre bramato di vedere la Toscana, ma non mai sì caldamente dacché nacque la nostra amicizia e le tue virtù mi costrinsero ad amarti; non mai, non mai sì caldamente come ora, che reduce da sì lunghe sventure, sento ancor più al vivo il pregio della tua affezione e delle doti rarissime che t'adornano.

Siccome la tua offerta si distingue tanto dalle comuni per la vera e generoso amichevolezza che spira; così, o egregia donna, la mia gratitudine non è di quelle che s'esalano in espressioni ; è un sentimento profondo, eguale alla tenera venerazione che ti porto da tanti anni e che m'avvincerà sempre a te, come ad una delle poche creature che nobilitano la razza umana.

Scrivimi pure direttamente: *a Silvio P. Torino*. Le lettere che mi si indirizzano, le ricevo sempre, né punto mi sogliono tardare.

Il mio Luigi ti porge i suoi saluti. Egli è pieno di reverenza per te : le tue virtù gli sono note. Se tu sapessi quante prove d'amore ho ricevuto da quest'ottimo fratello e dall'altro che gli assomiglia! Quante ne ricevo di continuo dagli affettuosissimi genitori! Coi loro impieghi mantengono generosamente anche me a cui tempi chiudono ogni strada!

M'adiro, pensando al guasto che s'è fatto dei suoi libri : già Luigi me n'avea parlato. E se tu sapessi, amica, com'io li custodiva religiosamente! Non mai ne imprestava alcuno ed io stesso ne leggeva di rado, perché la più parte delle stesse opere trovavansi fra i libri miei e di Porro. - Pazienza! Il tuo scopo principale, come dici, era stato adempiuto. Iddio te ne rimuneri!

Addio, mamma, addio angelo di bontà. Amami e sii felice e non ammalar più. Sei tu ben risanata? Dammi le tue care nuove. -

Il tuo figliuolo

## 4.

Torino, 31 gennaio 1831[5]

8

Ottima Quirina.

Non è una vergogna ch'io sia stato così lungo tempo debitore di risposta a due lettere d'una egregia e carissima Donna? Tu avrai creduto, generosa amica, piuttosto che accusarmi di pigrizia, che le tue lettere mi fossero ritardate. No; giunsero sollecite; la prima che porta per data 21 novembre e che spedisti il 29, l'ebbi a' 4 dicembre; la seconda mi pervenne appunto, come tu sì gentilmente desiderasti, il primo giorno dell'anno. Il mio indugio a risponderti è stato colpa di mille faccenduole, o a dir meglio, colpa mia; ché dicendomi sempre "Scriviamo all'ottima Quirina" mi lasciava cogliere or da un'occupazione or da un'altra, e le settimane passavano. Felice me, se potessi venire a fare ammenda a' tuoi piedi, o amica! Ma doveri di famiglia mi legano per ora a questa terra. - Tuttavia siccome il mio proponimento di vedere te e la tua bella patria è fermo, accarezzo sempre la speranza di poterlo eseguire, prima che volga lungo tempo. - Ti sono grato del rincrescimento che manifesti, di non aver preveduto la mia uscita, per serbare a me i manoscritti del nostro dilettissimo infelice, da te consegnati a Tipaldo. Puoi pensare, Quirina, s'io li avrei pregiati e con qual pienezza d'amicizia e di reverenza al suo ingegno, io parlerei d'Ugo, qualora n'avessi occasione. Forse quell'occasione verrà ancora ; lo spero - ma invoco perciò tempi più tranquilli, in cui minore urto di passioni, minori diffidenze impediscano di parlare candidamente e gagliardamente il vero. - Povero Ugo! come gli uomini lo conobbero poco, e come più volentieri considerarono le sue debolezze che le sue nobili doti! Ad onta di ciò il suo nome è compianto e venerato da coloro che non giudicano al pari della turba. Perdonagli - ah, tu l'hai già perdonato - se dopo le prove ch'egli aveva avuto dell'eccellenza del tuo cuore, fu ritroso negli ultimi tempi a parteciparti le sue angustie. Lo sventurato sentiva che queste erano in parte dovute al suo incorreggibile peccato di prodigalità e di temeraria fiducia, e s'avvezzava a nascondere quanto più poteva questo torto. Era ritrosìa d'uomo afflitto e delicato, d'uomo che precipitava nella miseria prima d'accorgersene, e forse illuso da quotidiane speranze. Io non sapea ch'egli avesse lasciato una figlia. Penso sovente a lui e a te; la memoria della sua nobile anima mi ricorda la tua - e la tua mi ricorda la sua. Talora m'attristo memorando le sue sventure e la lontana sua tomba, e parmi di gioir meno della riacquistata libertà dacché non ho più sulla terra un Ugo che se ne

---

[5] *Alla Signora / Quirina Magiotti / nata Mocenni / Firenze*
Autografo nella Biblioteca Marucelliana di Firenze (Manoscritti D36). Pubblicata in S. PELLICO, *Lettere alla donna gentile*, cit., pp. 69-72.

rallegri meco. Ma talor pur mi ripeto "Chi muore esce d'un mondo d'ingiustizie e di errori e d'affanni, - perché compiangerlo?" ed ho fede, sì, ho fede, di rivederlo in un mondo migliore! Le debolezze umane erano compensate in Ugo da un'ardente amore del vero, del giusto, del magnanimo.

Non ho ancora notizie del mio buon Maroncelli; egli ha perduto molto, di non trovarti a Firenze, e di non essere passato a San Leolino. E tu avresti conosciuto un uomo degno della tua stima.

Tu m'obblighi a sgridarti d'una frase dell'ultima tua lettera, ove mi supponi così cattivo apprezzatore delle lettere delle Donne, che tu debba essermi avara delle tue. Starei per dire che le lettere delle Donne che non hanno la centesima parte del tuo merito, valgono tuttavia meglio di quelle della più numerosa classe degli uomini; tanto sogliono esprimere sentimenti leali. Tu poi fra le donne sei egregia, tu sei Quirina, tu sei la sorella di Ugo, la mia - tu sei la mia *Mamma* come ti piace chiamarti. E le tue lettere mi sarebbero mai importune? Pentiti, malvagia, di tanta calunnia. Bensì è vero, ch'io poco merito i tuoi caratteri, perché son pigro a rispondere. Pure amami e confortami ed onorami col dirmelo. Ogni lettera tua è una festa per me. T'abbraccio con tenerezza e venerazione. No, quando verrò a vederti, non mi cadrà alcun velo dagli occhi. Il pregio in cui ti tengo non è opera della mia immaginazione, ma delle tue esimie virtù. Addio, amica, sorella, madre! - Ho raccomandato al libraio che ti spedisca sollecitamente le due copie de' due volumi ora stampati. Cominciano a pubblicarsi oggi. Ti prego d'una grazia : non tacermi le tue critiche affinch'io impari a far meglio.

**5.**

Torino, 16 febbr. 1831[6]

Car. [ma] Quirina

tu sei così buona che ardisco di pregarti d'una grazia. Hebbevi costì qualche accreditato librajo che si assumesse quanto sto per esporti? Forse una tua parola, o gentile amica, potrà giovarmi; e so che non ricuserai di prenderti questa seccatura, per obbligare il tuo Silvio che onori di tanta benevolenza. -

---

[6] *AllOrnat. [ma] Signora / Quirina Magiotti / nata Mocenni / Firenze*
Autografo nella Biblioteca Marucelliana di Firenze (Manoscritti D36). Pubblicata in S. PELLICO, *Lettere alla donna gentile*, cit. , pp. 72-74.

L'edizione de' miei due volumetti qui usciti è di mille Copie legittime, cioè munite della mia firma. Gli associati consegnatimi dal tipografo Pomba sono 324, come si vede nell'elenco stampato alla fine del secondo vol. Altre 200 copie si venderanno ancora a Torino e nelle provincie del Piemonte. Mi restano dunque circa 500 copie, a cui bisogna ch'io trovi spaccio, prima che da qualche pirata-tipografo se ne faccia una ristampa. Oltre a 12 copie mandate per semplice saggio a Milano, Pomba non ne ha spedito all'estero, sì in Italia che fuori, se non ai soli associati inscritti nell'elenco. Il regno Lombardo - Veneto, la Toscana, le Legazioni, Napoli, Parigi, Londra, possono quindi con tutta probabilità consumare alle restanti 500 copie. Ma in confidenza non vorrei affidare siffatto smercio a certi libraj, co' quali avrei poscia difficoltà di venire alla liquidazione del mio credito. Vedi, te ne prego, ottima Quirina, se ne troveresti costà uno dabbene, che volesse prendere l'incarico di ciò, sia esitandoli per mio conto - con quei vantaggi, s'intende, che sono dovuti al venditore, sia (il che preferirei) comprando tutte le 500 copie, mediante un sensibile ribasso: il prezzo a cui sono in vendita è di 6 lire italiane pe' due volumi. In caso che venissero comperate io aspetterei anche più mesi il denaro, purché fosse sicuro. - Non ho altro luogo opportuno a cui rivolgermi, se non Firenze; perché codesta città è centro d'un commercio librario più vasto che quello d'ogni altra città d'Italia; ed anche perché Firenze essendo quasi sempre la prima a ristampare le opere altrui, conviene ch'io cerchi di premurarmi da un colpo che mi riuscirebbe nocivo, con offrire a cotesti ristampatori un guadagno più onesto.

M'hai capito? Mi perdoni tu la libertà che mi piglio di darti questo disturbo? Conosco la tua indulgenza, la tua calda e rara amicizia. Tali doti non si posseggono senza scontarle con qualche noja. Tu potrai rispondere come Mad. De Stael, a cui fu detto, a proposito d'uno ch'era venuto a richiederla d'un favore - "Ei v'ha certamente annojata" - "Io (inturrupp'ella) m'annojo volentieri con chi m'ama così di cuore"

Hai tu ricevuta l'ultima mia lettera? Ricordati che t'ho pregata di farmi le tue censure sulle tragedie e sulle cantiche. Il senso delle donne è così fino, così giusto, ch'io fo moltissimo caso delle loro osservazioni, e tu fra le donne poi, sei tale che niuna ti supera. Non sempre le censure valgono a far migliorare le cose fatte, ma sempre possono servir di lume per le produzioni venture.

T'abbraccio con tutta l'anima

Silvio tuo

*Ugo Foscolo in un ritratto realizzato*
*all'epoca della relazione con Quirina.*

**6.**

[Villanova Solaro, 12 luglio 1831][7]

Egregia Amica

---

[7] *Alla Signora Quirina Magiotti / nata Mocenni / Firenze*
Autografo nella Biblioteca Marucelliana di Firenze (Manoscritti D36).
Pubblicata in S. PELLICO, *Lettere alla donna gentile*, cit., pp. 75-76.

Sei tu in collera pel mio lungo silenzio? Ah no; tu indovini, o Quirina, che non poteva essere silenzio colpevole. Dapprima io indugiava a risponderti, bramando di farlo quand'io avessi letto La vita d'Ugo, scritta da Pecchio.[8] Sperava di poterla aver presto; e ci volle il diavolo perch'io l'ottenessi. Indi ammalai, indi venni a cercare un po' di salute in campagna; e così passarono le settimane. E mentre tu mi credevi o morto, o tiepido amico, io pensava sempre a te.

Lessi quel libricciuolo di Pecchio. Non è opera d'animo ostile, ma anzi dettata da sincera benevolenza. Conosco Pecchio,[9] e so quanto fosse affezionato al nostro Ugo. Nondimeno Pecchio inclina, per indole, troppo alla censura, e questa severa tendenza lo rende talvolta irriverente, laddove dignità d'uomo, dignità patria, dignità d'amico, riclamerebbero riverenza. Non bisogna certo far panegirici, né dissimulare tutti i torti degli uomini benemeriti, ma egualmente non bisogna per ismania di censura dissacrare i nomi venerandi e cari. - Oh quanto volentieri scriverei una Vita d'Ugo! Ed un giorno la farò; e tu mi darai e notizie e lettere. Ma or quante cose sarebbe forza tacere!

Lasciamo passare alcun tempo; lasciamo terminare questo stato di crisi generale e d'arrabbiate passioni, il quale rende quasi impossibile in Italia il dire con generosa schiettezza ciò che fu l'ingegno di Ugo, ciò che fu il suo nobile, fermo carattere. Ed il [fare] un libro timido, mozzo, che gioverebbe? Sono sempre mezzo infermo, o buona amica: i miei polmoni stentano a respirare. Se non fossi legato da doveri impreteribili, verrei pur con gioja in Toscana, a' tuoi bei colli! Chi sa, ch'io non ti faccia tuttavia quest'anno [una] visita? Il desiderio l'ho sempre.

---

[8] G. PECCHIO, *Vita di Ugo Foscolo scritta da Giuseppe Pecchio*, Lugano, Giuseppe Ruggia e C., 1830.

[9] Giuseppe Pecchio economista e scrittore collaboratore della rivista Il Conciliatore per evitare di essere arrestato nell'ambito del processo contro Federico Confalonieri e la setta segreta dei Federati aveva lasciato Milano ed era andato in esilio in Inghilterra dove, oltre a sposare una ricca signorina londinese, aveva anche pubblicato alcuni scritti, tra cui una biografia di Foscolo che aveva suscitato reazioni contrastanti. Pellico conosceva bene Pecchio come collaboratore de Il Conciliatore (la rivista usciva due volte a settimana e i collaboratori si incontravano di frequente nella casa del conte Luigi Porro per discutere degli articoli da inserire), ma conosceva anche Foscolo e quindi il suo giudizio è sicuramente ponderato e tiene conto del carattere di entrambi.

Quando mi scrivi, dirigimi le tue lettere così:
Al Rev. Padre Gian Gioseffo Boglino
dell'Oratorio di san Filippo - Torino
senza sopraccarta, né altro.
Vivi più sana di me, ed amami.

Il tuo Silvio

Villanova Solaro, 12 luglio, 1831

## 7.

[Torino, 24 luglio 1831][10]

Carissima Amica

Quanto dolci sono i rimproveri che mi volgi colla tua lettera del giorno 12!
L'ho trovata or tornando da Villanova - Solaro, donde io ti scrissi come il
mio lungo silenzio non provenisse tutto da pigrizia e come, pur tacendo, io
pensassi spessissimo a te. Non so se tornerò in campagna. Quel poco d'aria
silvestre che respirai, mi parve dapprima balsamo, poi irritò i miei poveri
polmoni. Nondimeno finché non istò peggio di così, posso contentarmi.
Ecco omai un anno, che uscii dal sepolcro, e ne uscii moribondo. Chi la
dura la vince: sembrava impossibile ch'io campassi tanto. Un pochino per
volta, imparerò a campare sempre meglio. se verrei volentieri a provare
codesta vostr'aria; a riverirti vicino, sorella mia diletta! amica del mio Ugo!
anima alta e gentile ch'io amo tanto, che se fosse un picciolo grado di più,
me ne sgrideresti! - Ah se verrei volentieri! - Ma sai tu, amata Quirina, che
sebbene io sia diventato vaghissimo della pace, e non dia il minimo motivo
di sospetto a chicchessia, i tempi sono così tristi, che naturalmente
sorgerebbe subito qualche sospetto contro di me, se chiedessi ora di uscire
del Piemonte, per qualsivoglia altro stato d'Italia? Rispettiamo l'arduità del
momento attuale. Le cose si calmeranno, e allora adempirò senza fallo il
mio voto di pellegrino. - *L'Ester d'Engaddi* non è ancora stata rappresentata
nemmeno qui. Compongo sempre qualche cosa, per quanto me ne dà
licenza la salute; ma senza fretta, e senza aneliti alla gloria letteraria. Sono
disingannato di questa vanità. Lavoro per impulso del cuore e dell'intelletto
e poi quando ho terminato una composizione, m'accorgo ch'è picciola cosa,

---

[10] *Alla Signora / Signora Quirina Magiotti / nata Mocenni / Firenze*
Autografo nella Biblioteca Marucelliana di Firenze (Manoscritti D36).
Pubblicata in S. PELLICO, *Lettere alla donna gentile*, cit., pp. 77-78.

14

e rido. Io aveva preso a scrivere un romanzo storico. Non continuai; lo ripiglierò poscia. Frattanto ho scritto due tragedie. L'una è *Boezio*, e non ne sono contento. L'altra è *Gismonda di Mendrisio*, e questa mi par buona, tanto almeno da non meritare probabilmente fischiate. Giacciono nel mio scrittojo e non penso ancora ad esporle al giudizio altrui. Come essere animato a scrivere? La letteratura non dà pane. L'edizione di que' due volumetti mi fruttò assai poco. Ed intanto si ristampano qua e là. A Milano, oltre a ristamparmi tosto le tragedie, le regalarono di bruttissime scorrezioni. Fammi il piacere di mandarmi una copia dell'edizione che se ne fece in Toscana: ti sarò grato.

T'abbraccio con tutto il cuore. amami, egregia Donna; io t'amo.

Silvio

Torino, 24 luglio, 1831

**8.**

[Torino, ottobre 1831][11]

Ottima Quirina.

Tu mi scrivesti una lettera addì 5 agosto, all'indirizzo ch'io t'aveva dato e che sarà sempre eccellente (al P. Gioseffo Boglino, dell'Oratorio di S.Filippo) ed io la ricevetti, tornando dai colli Astigiani, ov'era andato a cercare un po' di salute; e non vi era salute per me. Passai benino l'estate, ma l'autunno è sempre stagione di minaccia per il mio povero petto. Cominciai in agosto ad avere qualche incomoduccio preliminare, più forte de' consueti. Venne settembre e peggiorai sempre. Tornai in campagna, non più da' miei amici d'Asti, ma in un tugurietto sulla collina di Torino dalla parte di Chieri, e non potei godere nulla nulla affatto le dolcezze della vita campestre. Stetti sempre in casa, come se fossi in città, visitato e assistito

[11] *Alla Signora / Quirina Magiotti, nata Mocenni / Firenze*
Autografo nella Biblioteca Marucelliana di Firenze (Manoscritti D36). Pubblicata in S. PELLICO, *Lettere alla donna gentile*, cit., pp. 78-81. La lettera è priva di data, ma sul timbro postale si legge abbastanza chiaramente: Torino, ottobre. Il giorno purtroppo non è leggibile con sicurezza. Laudomia Capineri Cipriani, nella sua edizione, data la lettera al 17 ottobre 1831.

ora dagli uni or dagli altri de' miei congiunti, senza neppure il conforto di poter parlare.

Ché fare qualunque parola e qualunque movimento aumentava il bestiale affanno del mio petto. Avrei dovuto farti rispondere, egregia amica, ove non l'avessi potuto io medesimo. Ma differii da un giorno all'altro per farlo io quando stessi meglio.

Ed intanto mi venne un'altra tua lettera del 24 settembre, diretta come le antiche, al nome mio.

Oh amica e sorella mia dilettissima! E Madre venerata nel fondo del mio cuore! Tutti i sentimenti più affettuosi e più sacri s'uniscono in me, quando penso alle tue virtù e all'amicizia che m'hai posto per quella che stringeaci entrambi ad Ugo. Io anelo di conoscerti, e d'inginocchiarmi innanzi a te, come quel cavaliere d'una delle mie cantiche inedite, il quale arse tanti anni di vedere una Donna d'altissimo intelletto, che conosceva per fama, e finalmente si condusse a lei, e l'adorò, quale una delle più nobili rappresentazioni della Bontà Divina.

Ma non è questo l'anno che io possa effettuare il mio viaggetto. Te ne recai già altre volte qualche ragione rilevante. E or s'aggiunge esser tale la miseria della mia salute, che se anche potessi partire alquanto sano di qua, sarebbe troppo a temersi, ch'io venissi improvvisamente riassalito dalle oppressioni e dalle palpitazioni, e che dovessi giacere lontano dalla famiglia, settimane o mesi. Oltreché - ad onta della tua materna carità - ti sarebbe peso crudele l'avermi infermo presso di te, mi addolorerebbe il pensiero delle inquietudini che affliggerebbero i miei Genitori e gli altri cari di casa.

La mia malattia non è un guasto ne' polmoni, ma una grande facilità che i polmoni hanno ad essere affetti, e talvolta per la menoma alterazione dell'aria. Sto allora più settimane in istato miserevole, poi guarisco, e tornano il libero respiro e la voce. E tal malattia la presi in carcere, per la lunga desuetudine di fiatare al largo e di vivere addomesticato con l'atmosfera, e per le durezze del clima. La conformazione del mio petto non essendo stretta, non credo inverosimile ciò che mi dicono i medici: cioè, che dopo due o tre anni, di vita non carceraria, il viscere della respirazione potrà tornare a fare le sue funzioni con agevolezza e vigore. Frattanto bisogna avvezzarlo a poco a poco, e dolorando quando v'è da dolorare- Finii settembre male, e cominciai male ottobre. Solo da tre giorni, o amica, sto meglio; e la prima cosa che fo è di scriverti.

Ti sarò grato, se mi mandi que' libri; e mandali come puoi. Sta' sana e lieta.

Ugo aveva una soave tinta di letizia in mezzo alle frequenti angosce per le

proprie sciagure, per quelle degli amici, per quelle della patria, per quelle dell'umanità
Indovino esservi alcun che di simile nell'umor tuo; e v'è anche nel mio. Compiangiamoci e sorridiamo sino alla tomba, ed amiamo Dio e gli uomini. San Paolo annovera fra coloro che sono anime gentili, colui che compiange con ilarità (qui misereretur in hilaritate).
Sì, amica mia. Sta' lieta. Amami come t'amo.

Silvio tuo

9.

Torino, 21 dicembre 1831[12]

Cara Amica
Più d'un mese fa, ricevetti la tua dolcissima lettera, coi bei versi sulla mia morte. M'è caro d'aver questi, scritti di tua mano. Quando risuscitai, alcuno che qui li aveva, me li mostrò. Non ho mai saputo che ne sia l'autore: lo sai tu? Certamente è un brav'uomo, pieno di forte e delicato sentire. La notizia della mia morte avea già addolorato i miei Parenti: essi sapevano ch'io avea fatto parecchie gravi malattie, e ch'era ridotto in pessimo stato. Figurati quanto era penoso per essi il non ricevere mai una riga di mia mano, in tanti anni! Invano io aveva supplicato mille volte di potere almeno scrivere alla mia famiglia: solo, nel primo anno, mi fu una volta permesso, atteso ch'io mi trovava quasi moribondo, di vergare un breve saluto a casa. Ma dopo quel primo anno, i rigori crebbero, e nemmeno a chi era gravemente infermo, si concedeva più di scrivere ad un padre, ad una madre. Due miei compagni di sventura, il conte Oroboni[13] ed Antonio Villa, morirono in covili vicini al mio, senza pare ottenere quell'ultima consolazione!
Tronchiamo questo tristo discorso, e sia benedetto Dio che volle ch'io rivedessi ancora la nostra diletta Italia, e ch'io avessi il piacere di ricevere tue lettere e di scriverti.

---

[12] *Alla Signora / Quirina Magiotti / nata Mocenni / Firenze*
Autografo nella Biblioteca Marucelliana di Firenze (Manoscritti D36). Pubblicata in S. PELLICO, *Lettere alla donna gentile*, cit. , pp. 81-84.
[13] Il conte Fortunato Oroboni di Fratta Polesine, morto allo Spielberg nel 1823.

17

Io aspettava, prima di risponderti, l'arrivo de' due libri da te consegnati a Piatti. Ma passavano le settimane, e nulla è mai venuto. Non crucciartene, amica. Il *Giovanni Procida*[14] s'è già ristampato, e l'ho veduto; e delle cose mie ristampate costà veramente non importa. Quel Procida contiene molte bellezze, ma non è un quadro così felicemente disegnato come il *Guglielmo Tell* di Schiller. Ed un sì memorabile fatto, mi pare che esigesse una tessitura di questo genere. Tuttavia ne capisco la difficoltà, e trovo che Niccolini ha, ad ogni modo, spiegato un gran valore. Oh quanto ardua è l'arte!

Si stanno ora qui stampando tre mie tragedie. Una *Leoniero da Dertona*, la composi nello Spielberg a memoria (giacché non mi davano carta e calamajo), la ritenni impressa nel cervello, la corressi e ricorressi per molti anni, e finalmente, quando fui a Torino, la scrissi. Le altre due le ho qui composte: *Gismonda da Mendrisio*, ed *Erodiade*.[15]

Fo sempre vita ritiratissima, ed illudo i miei dolori, fisici e morali, studiando, e facendo or versi or prosa. Or lavoro ad un *Saggio sui nobili affetti*, ove tratto dell'affetto religioso, dell'amor patrio, dell'amor filiale, dell'amor fraterno, dell'amicizia, dell'amore, etc

Ma la salute è debole, ed ho certe frequenti febbricciuole che m'obbligano a giorni d'assoluto riposo, e mi martellano fieramente la testa. - tu m'hai elettrizzato, dicendomi, l'inebriante piacere, che provasti, all'opera del *Tell*. Godo che tante bellezze del dramma di Schiller non sieno andate perdute, riducendo quel soggetto ad opera, e che la musica vi corrisponda. Qui non s'è ancora rappresentato.

Oh quante lunghe sere, parecchi anni sono, io passava in questa stagione col mio Ugo! leggevamo e commentavamo insieme la Bibbia. Egli era scettico, ma ammirava grandemente quegli antichi libri, e dicea talvolta: "E chi può sapere il vero? E se la storia dell'uomo avesse veramente il suo gran nodo qui?" - L'amore del vero era sì puro in Ugo, che, anche riluttando contro alle credenze religiose, e ripetendo spesso: " Ahi! tutto finisce quaggiù!" pur rispettava il sentimento di chi credeva. Egli era pieno d'amicizia e di reverenza pel vecchio conte Giovio, uomo di singolare pietà.

Mi rincresce che Pecchio non abbia notate queste e tante altre nobili gradazioni del carattere d'Ugo. - Pecchio è uomo lealissimo, ma

---

[14] G. B. NICCOLINI, *Giovanni da Procida: tragedia*, Capolago, Tipografia Elvetica, 1831.
[15] S. PELLICO, *Tre nuove tragedie di Silvio Pellico da Saluzzo*, Torino, Giuseppe Bocca, 1832

appassionato, e sdegnoso contro ad ogni virtù che non sia involta di cinismo.

Ottima amica, t'abbraccio, e sospiro sempre il dì ch'io possa venirti a vedere.

*Felicia Giovio nobile milanese di cui erano stati innamorati sia Foscolo sia Pellico. Foscolo era stato innamorato, sembra di tutte e tre le sorelle*

*Giovio e in particolare di Francesca con cui era arrivato ad un passo dal matrimonio.*

## 10.

[Torino, 25 gennaio 1832][16]

Carissima Mamma.

Ieri ho ricevuto la tua lettera del 10 corrente, ed oggi quella del 17. sono ansioso di vedere la nuova vita d'Ugo con le sue opere. Desidero che tutto ciò si faccia a dovere: oh quanto lo desidero! – Ed invero ne ho speranza, dacché tu hai cooperato a questo scopo.

Quali cose Ugo scrivesse prima d'andare in Toscana? – L'Atreo e Tieste[17] - l'Ortis – la traduzione della chioma di Berenice[18] – l'orazione a Bonaparte[19] – l'ode alla libertà – due odi, una a Luigia Pallavicini,[20] l'altra a...[21] con alcuni sonetti – i Sepolcri[22]– l'orazione sull'ufficio delle lettere[23] – l'Aiace[24]

[16] *Alla Signora Quirina Magiotti / nata Mocenni / Firenze*
Autografo nella Biblioteca Marucelliana di Firenze (Manoscritti D36). Pubblicata in S. PELLICO, *Lettere alla donna gentile*, cit. , pp. 84-86
L'anno si ricava dal timbro postale che presenta l'indicazione: *febbraio 1832*
[17] Il Pellico si riferisce alla tragedia *Tieste,* scritta nel 1795, rappresentata al teatro S. Angelo di Venezia nel 1797 e ripresa al teatro Carcano di Milano nel 1808.
[18] *La Chioma di Berenice. Poema di Callimaco tradotto da Valerio Catullo, volgarizzato da Ugo Foscolo* (1803)
[19] Il Pellico si riferisce all'*Orazione a Bonaparte per i comizi di Lione*, composta nel 1802, in occasione della nuova costituzione della Repubblica Cisalpina.
[20] *A Luigia Pallavicini caduta da cavallo.* L'ode fu composta a Genova nella primavera del 1800.
[21] Il Pellico si riferisce probabilmente all'ode all'*Amica risanata*, composta a Milano nel 1802 e dedicata ad Antonietta Fagnani Arese.
[22] Il carme *Dei sepolcri*, dedicato ad Ippolito Pindemonte, venne composto nel 1806 e pubblicato l'anno successivo a Brescia dall'editore Bettoni.
[23]*Dell'origine e dell'ufficio della letteratura. Orazione.* Stampata nel 1809. È l'introduzione al corso che Foscolo avrebbe dovuto tenere all'università di Pavia come titolare della cattedra di eloquenza italiana.

– Scrisse alcuni articoli sul giornale intitolato Annali di Scienze e lettere, che stampavasi in Milano da Rasori; il solo di quegli articoli che mi ricordo è uno scherzo sopra una brigata detta Accademia de' Pitagorici.[25]
Scrisse pure qualche cosa per l'Antipoligrafo, ma questi non erano articoli interi; dava le idee a Contarini e correggeva od ampliava gli articoli compilati da questo – Incominciò e non proseguì una Bibli-tragedia e due Carmi: *Alceo* e la *Sventura*. – Lavorava pure ad una vita di Machiavelli che terminò. – quando era svogliato d'altro, traduceva Omero o Sterne. – Pubblicò il Montecuccoli.
Dopo la *Ricciarda*, fatta in Toscana, i giorni agitati ch'ei visse ancora a Milano non furono proficui alla letteratura. Ei leggeva, e favellava, o per passatempo accarezzava l'Ipercalissi e tornava alla versione d'Omero e di Sterne.
Siccome egli aveva tanto studiato, è possibile che andasse scrivendo alcun che di esso: io di ciò non ho contezza.
Dacché fu in Inghilterra, non lessi di lui se non la sua nuova edizione dell'Ortis con le aggiunte, e quegli articoli che andava scrivendo pel *Quarterly Review.*
Accadde poi la disgrazia che mi seppellì nelle tombe di Spielberg, ed ignorai colà ogni cosa relativa al mio Ugo, tranne la sua morte, che non ti dico quanto mi straziasse il cuore!
Uscito, lessi di lui il discorso sulla Divina Commedia,[26] il saggio sopra Petrarca[27] e nient'altro.
Non so punto se abbia scritto della poesia narrativa in Italia, se le memorie di Casanova, se della storia veneta, se della tragedia italiana, né se abbia mai fatto una versione inglese del Tasso.
M'incresce, cara amica, di non poterti soddisfare con notizie maggiori; - e mio fratello pure non ne sa altre.
Ti saluto in frctta. Quando penso ad Ugo, penso sempre a te: immaginati se sovente! Oh quanto egli era amato da noi! Ed egli anche molto ci amava! Non passeremo noi ad un'esistenza nella quale egli sia restituito a' nostri amplessi. Sì, Quirina! credilo, credilo.

---

[24] L'*Aiace*, composto nel 1810, venne rappresentato al teatro alla Scala di Milano nel 1811.
[25] Nel 1810 il Foscolo compose una satira contro i nemici milanesi intitolata *Atti dell'Accademia de' Pitagorici.*
[26] *Discorso sul testo e su le opinioni diverse prevalenti intorno alla storia e all'emendazione critica della Commedia di Dante* (1825)
[27] *Essays on Petrarch*, scritti per la rivista inglese *Quaterly Review*

Addio, sorella. – Leopoldo Cicognara si ricorderà d'avermi veduto di fuga a Venezia: salutamelo.

Escono ora dalle stampe tre mie tragedie. Una la composi a memoria in carcere. Addio di nuovo.

Torino, 25 g.

Fu litografato recentemente un mio ritratto a Parigi, ed in Firenze la Sacrati ne ha parecchie copie. Non m'è rassomigliante. Or un amico mio ne ha fatto uno somigliantissimo, e lo fa litografare a Milano. Te ne manderò una copia.

È un secolo ch'io bramo il ritratto tuo, o rarissima Donna. Appaga quest'ardente mio voto. Sta' sana ed amami.

## 11.

[Torino, 15 febbraio 1832][28]

Cara Mamma

Finalmente sono giunti i due volumi, che avesti la bontà di farmi spedire, diretti a Padre Boglino. Appena Pomba li ebbe, li portò; convien che Piatti non avesse occasione di mandarle prima. Ho riletto con piacere il *Procida*, e quando una produzione letteraria s'apprezza anche meglio alla seconda lettura, è forza dire che contenga molte bellezze. - Hai tu ricevuto una copia delle mie tre nuove Tragedie? Oh quanti errori di stampa hanno lasciato correre, parte per negligenza, parte per qualche scarabocchio ch'era nel manoscritto! Pazienza! Un'altra volta attenderò io medesimo, con doppia cura, alla correzione.

Quando mi scrivi, diletta sorella, indirizza sempre le lettere al Padre Gian Gioseffo Boglino, dell'Oratorio di San Filippo.

Ti sei tu assicurata, che nella nuova edizione delle Opere del nostro povero Ugo, non si stampino se non cose veramente sue?

---

[28] *Alla Signora Quirina Magiotti / nata Mocenni / Firenze*
Autografo nella Biblioteca Marucelliana di Firenze (Manoscritti D36). Pubblicata in S. PELLICO, *Lettere alla donna gentile*, cit. , pp. 87-88

Addio, ottima amica mia, e di Colui che vive sempre nel mio cuore. Ogni volta che penso ad Ugo penso a te; immagina quanto spesso mi sei presente! - Addio, ama il tuo
Silvio

Torino, 15 febbr. 1832

**12.**

[Torino, 28 luglio 1832][29]

Quirina dilettissima
E che cosa faceva io altro, che rimproverarmi la mia pigrizia; e dirmi ogni sera: Domani bisognerà assolutamente scrivere a quell'adorabile amica! - dici bene, sorella e madre mia, il nostro silenzio era vergognoso; o piuttosto era tale quello del tuo fratello e figliuolo, il quale pur non è mai immemore un giorno di te, ma anzi t'ama d'indelebile e costante amicizia. M'adiro, che da due anni che sono risorto, io non abbia ancor potuto visitare, come è incessante mio desiderio, la sacra terra della Toscana, e te, che (se non avesse altri pregi) basteresti a rendermela sommamente cara. - Oh amica! gli ostacoli, saprei tutti superarli, se non fosse uno - il più doloroso - la salute adente de' miei vecchi Genitori. Il padre si regge ancora benino, ma la madre va languendo ognor di più, e non vuole ch'io m'allontani da lei; e per dir vero, non posso volerlo neppur io, tanto temerei che la mia lontananza contribuendo ad affliggerla precipitasse il suo fine. Ah! troppe lacrime già le costai! - l'altro jeri quest'ottima vecchia, tornata dalla messa, svenne, e paventammo fosse un accidente apoplettico. Fu tutto il dì febbricitante, ma jeri migliorò ed oggi di nuovo volle alzarsi. Il suo coraggio non m'illude, ed ho poca speranza che la sua cara vita più molto si protragga. Oh quanto siffatta perdita mi sarà crudele, e quanto già m'è crudele il prevederla!
Farò volentieri conoscenza del Pittore che ha la fortuna d'averti veduta, e sul quale si sono posati i nobili tuoi sguardi. E se vorrà dipingermi, parlandomi di te, mi lascerò dipingere. Il mio ritratto di litografia parigina che forse a Firenze ti sarà capitato sott'occhio non mi somiglia: la Sacrati ne

---

[29] *Alla Signora / Quirina Magiotti / nata Mocenni / Firenze*
Autografo nella Biblioteca Marucelliana di Firenze (Manoscritti D36). Pubblicata in S. PELLICO, *Lettere alla donna gentile*, cit. pp. 88-90

23

ricevette parecchie copie da Parigi. Evvi uno migliore di litografia torinese, ma per darmi l'aria poetica, mi voltarono le pupille in guisa che sembro losco. - Via, sappi, Quirina, ch'io voglio il tuo. Mandalo, te ne prego. Quella cara effigie che porrò vicina a quella d'Ugo, non mi sarà muta di consolazione. Se tu sapessi, come, fin dalla prima lettera che mi scrivesti, io ti venero e t'amo! Se tu sapessi come ogni volta che penso ad Ugo, penso a te! Ah sì, che lo sai! E se tu mi neghi il tuo ritratto, non credere ch'io ti conceda il mio: hai capito?

Mi fu detto che codesta poeta estemporaneo Cicconi sia bravo. Anche i valenti possono mancare talvolta di genio, ma ad una mala riuscita succede un trionfo.

Vivi lieta, ed amami. - Ho piacere che siate tranquilli, ad onta delle frottole che i sognatori stranieri vanno spargendo.

Fra poco usciranno due miei volumetti intitolati: *"Le mie prigioni. Memorie di Silvio Pellico."*[30] Non è opera d'alcun merito letterario, ma un semplice racconto di ciò che patii in quella lunga sventura. Addio, sorella, addio amicissima mia.

Torino, 28 luglio, 1832

## 13.

[Torino, 19 agosto 1832][31]

Ottima Quirina

Ed io solo non posso mai venire a Firenze! Io che sin dall'infanzia sono innamorato della fama di codesta città! io che da tanti anni sono innamorato dell'alto e gentile animo tuo, sorella Quirina! Do questa mia lettera all'egregia fra le attrici italiane, Carlotta Marchionni. Il suo merito è tale che non abbisogna d'elogi: ella è degna di conoscere l'amica d'Ugo e di Silvio.

ti soggiungerò solo, ch'ella ha con sé un'esimia pittrice di ritratti, la sig.a Camilla Guiscardi sua amica, dalla quale saresti ben fortunato se tu

---

[30] S. PELLICO, *Le mie prigioni: memorie di Silvio Pellico da Saluzzo*, Torino, Giuseppe Bocca, 1832
[31] *Alla Signora / Quirina Magiotti / nata Mocenni / Firenze*
Autografo nella Biblioteca Marucelliana di Firenze (Manoscritti D36). Pubblicata in S. PELLICO, *Lettere alla donna gentile*, cit., pp. 90-92.

acconsentissi di lasciar fare il tuo. Ti supplico di questa grazia; e sai che niuno più di me essendo conscio delle tue virtù, niuno più di me può tener cara la tua immagine. Ogni giorno ponendo sovr'essa il fraterno mio sguardo, l'anima mia bramerà più sempre d'assomigliarsi alla tua; ogni giorno ti parlerò d'Ugo, e mi parrà che tu mi risponda. La sig a Camillla è d'una grande abilità per cogliere bene le fisionomie. Carlotta ha un mio ritratto fatto da quell'amica: te lo mostrerà è somigliantissimo.

Essa Carlotta Marchionni ti dirà qual vita solinga io tragga, tutto dedito alla mia povera madre, la quale è sempre malata. Essa ti dirà come quando io era sotto i Piombi di Venezia, ella s'affannasse per mandarmi i suoi saluti e cercasse di giovarmi. Essa ti dirà l'antica intimità, - (non amatoria, ma amicale) - che ci unisce.

Tu godrai d'aver persona con cui parlare dell'amico del tuo Ugo e tuo; ed io, quando Carlotta ritornerà a Torino, sarò felice ch'essa possa parlarmi lungamente della mia Quirina e dirmi: Ecco il sacro volto di quell'anima sublime!"

Quel pittore che m'annunciasti dover venire a Torino, nol vidi ancora. Taluno mi disse esser venuto da Firenze uno de' fratelli Aires. Sarebb'esso forse? Ma debb'essere ito in campagna, e non so dove pescarlo. Spero che se ha una lettera tua, non tarderà a portarmela.

Addio, sorella e mammina mia.

Sono con tutto il cuore

il tuo aff. mo Silvio

Torino, 19 agosto, 1832

## 14.

[Torino, settembre 1832][32]

Amatissima Quirina

---

[32] *Alla Signora / Quirina Magiotti / nata Mocenni / Firenze*
Autografo nella Biblioteca Marucelliana di Firenze (Manoscritti D36). Pubblicata in S. PELLICO, *Lettere alla donna gentile*, cit. pp. 92-93
La lettera è priva di data. Sul timbro postale si legge: *26 settembre 1832*. Si tratta però del giorno d'arrivo della lettera a Firenze. Nei timbri della posta piemontese vengono indicati, infatti, soltanto il luogo di partenza, il giorno e il nome abbreviato del mese, ma è assente l'indicazione dell'anno.

la tua penultima lettera era assai affliggente. Or tu mi consoli. La cacciata di quell'iniquo è un bell'avvenimento. Se ne parla anche molto qui, e se ne dà alta lode al Gran Duca. Ho piacere che tu m'abbia scritto di ciò, perché le voci che corrono sono sempre miste di tanta esagerazione, che non si sa mai ciò che se ne debba credere. Vorrei subito subito gettarmi in una vettura che mi portasse a dividere più da vicino la vostra gioia. Chi sa quando mi sarà possibile? Ho sempre la povera madre mezza ammalata, e non m'è lecito abbandonarla.

Il sig. Ayres ha finito il mio ritratto, che tutti trovano d'una rassomiglianza stupenda. L'originale non può mai troppo giudicare della propria effigie, ma pare anche a me che così sia. sarai contenta del suo lavoro. Il pittore te lo manderà per mezzo di suo fratello, costì impiegato alla Posta. - Or che ne possedi due e che ne hai veduto altri ancora, capisco che sarai un po' imbarazzata a farti una giusta idea di me. Ma certo quello della Guiscardi e quello di Ayres ti rendono con fedeltà i miei tratti. Un ottimo giovine francese, Mr de Seguins, che or trovasi a Firenze ha pur disegnato l'anno scorso un mio ritratto, ed or l'ha fatto incidere da Della Bruna. Molti dicono scorgervi pure la rassomiglianza, meno qualche difetto nella fronte ed un'aria notevolmente più attempata.

Per me sono gratissimo a tutti quanti di farmi sì immeritato onore. Ma nullo m'è tanto caro quanto quello che mi fai tu, adorata amica, tenendomi nella tua camera di studio e fissando talvolta su me i nobili ed affettuosi tuoi sguardi. Ho letto di certi santi che si staccavano dal quadro ov'erano dipinti, e venivan giù in carne ed ossa ad abbracciare i loro diletti. Oh! se potessi, Quirina, operare questo miracolo! quai fervidi amplessi ti darei!

Godo che le opere e la vita d'Ugo si stampino costì, ove tu puoi darvi tutta la cura.

Addio, sorella dilettissima. T'amo con tutto il cuore

Silvio tuo

**15.**

[Torino, 10 ottobre 1832][33]

[33] *Alla Signora / Quirina Magiotti / nata Mocenni / Firenze*
Autografo nella Biblioteca Marucelliana di Firenze (Manoscritti D36). Pubblicata in S. PELLICO, *Lettere alla donna gentile*, cit. , pp. 94-95

Quirina amatissima

Alle due ultime lettere rispondo, col prender parte, mia cara amica, al dispiaceruzzo che provi pel ritratto che mi dici riuscito male. Io pur disgraziato di non poter avere di te, com'io sperava, un'effigie fedelissima! Ho tanta rabbia di ciò, che sarei quasi per dirti, che codesto infelice ritratto tu non me lo mandi. Nondimeno fa come credi. Se vuoi mandamelo, gli perdonerò le sue imperfezioni, lo terrò caro, perché dono tuo, e perché so che pur pure alcun che v'apparirà del tuo amatissimo volto. - Puoi viver sicura che né la disegnatrice, né le sue amiche non sapranno da me quanto tu sia rimasta scontenta di quel lavoro. Ma benedetta quella tua buona Nipote, che disse senza cerimonie ciò che sentiva! grazie a lei, qualche correzione è dunque stata fatta, e se va male ancora, e pur alquanto meno male. - Non so più che sia divenuto Ayres. Io stetti parecchi giorni con mio padre al nostro tugurio sulla collina e poi andai a passarne un pajo nel Canavese con Carlo Botta. Ignoro se Ayres t'abbia spedito, o no, il mio ritratto. Ei mi disse che voleva presto ritornare a Firenze. Fatti fare il ritratto da lui, mia dolce amica, ho proprio la smania d'averne uno che veramente t'assomigli, che mi rappresenti i tuoi nobili pensieri, tutta la bell'anima tua sai? - Ci vuole una calma troppo eroica, per soffrire una caricatura d'una persona supremamente stimata ed amata. L'avrò io questa calma? Procurerò, ma... non te lo prometto. E chi sa ch'io non finisca per fare ciò che la tua amabile nipote suggerì? - Uno stracciamento da arrabbiato.

Il Petrarca del Nota, che fu recitato qui, mesi sono, io nol vidi. La Marchionni ed altri attori, e parecchi spettatori me ne parlarono come di cosa mediocre. Non mi fa quindi meraviglia, se il vostro pubblico non è stato indulgente.

T'auguro buona villeggiatura, e duolmi di non poterla dividere con te. Nelle tue ore solitarie onorami di qualche pensiero. Altrimenti saresti ingrata, perocch'io penso a te spessissimo e con amore, con amore davvero assai tenero.

Ah, le virtù che in te conosco, sono nel mondo rarissime. Come non avrei io per Quirina un culto particolare?

Addio, gloria del tuo sesso; addio amica e sorella diletta. Sono e sarò sempre con tutto il cuore il tuo affez.

Silvio

Torino, 10 ott. 1832

*Quirina Mocenni Magiotti nel suo ritratto più "famoso" realizzato nel 1813 all'epoca della relazione con Foscolo. I due amanti si fecero, infatti, ritrarre entrambi dal pittore francese Fabre probabilmente per scambiarsi poi i ritratti a compensazione della lontananza.*

**16.**

[Torino], 1° gennaio 1833[34]

---

[34] *Alla Signora / Quirina Magiotti / nata Mocenni / Firenze*

Ottima Quirina.

Il bel primo giorno dell'anno 1833, voglio per prima azione (mentre sicuramente tu dormi ancora - sono le cinque) volare in ispirito a S. Leolino o a Firenze, dove sarai e - te inscia - darti un caldissimo bacio. Dormi felice e svegliati felice, prima quest'anno, e poi altri, fino a cento! Tutto arrida alle tue belle e nobili brame! Tutto ti veneri e t'ami, come ti venero e t'amo io! Niun dì, niun'ora, niun momento rechi dolore né al caro tuo corpicino, né all'anima tua carissima!

Questi sono gli auguri del tuo fratello e figliuolo o dolce Mamma e Sorella!

Ma, ahi, mentre ti auguro perfetta assenza di dolore e perfetto contento, pur troppo torna a sovvenirmi l'impossibilità che questo voto s'adempia in un'umana creatura!

E le anime gentili, come la tua, sono anzi le più attingibili da mille pene. Soffrono per sé e per gli altri, per questo e quell'individuo e per tutta l'umanità, per la generazione a cui appartengono e per le future. La squisitezza del loro sentire, lor rende vivissimi e piaceri e cordogli, ma quanto più numerosi sono quest'ultimi! Ebbene, virtuosa Donna, coraggio ed amore e dignitosa coscienza abbellano ogni cosa. Tai doti, non te le auguro le hai in grado eminente.

Or mille grazie del prezioso Sonetto d'Ugo. Come nol troverei buono, io che amo tanto la memoria di quel generoso spirito? Tutto m'è sacro di lui; e tanto più, cosa di lui che mi viene da te. - De' miei quattro versi tu sei padrona d'aver la crudeltà di scartare i due primi, ma ti do torto (…)[35]

S'io fossi poeta estemporaneo, m'increscerebbe assai che si stampassero tai produzioni.

Addio, buona ed amata sorella.

Il tuo Silvio

1° genn. 33

## 17.

[Torino, 7 gennaio 1833][36]

---

Autografo nella Biblioteca Marucelliana di Firenze (Manoscritti D36). Pubblicata in S. PELLICO, *Lettere alla donna gentile*, cit. , pp. 96-97

[35] Testo mancante.

Carissima Quirina.

Quanto ho sospirato questo tuo ritratto! Carlotta era già di ritorno a Torino, e per mala ventura io non la trovava mai a casa. Ieri finalmente l'azzeccai, ed ella m'aspettava con ansietà, per darmi questo prezioso tesoro e per soggiungermi infinite cose della tua adorabile persona. Ascoltai con la massima gioia tutte le sue parole, e furono corrispondentissime alla giusta idea ch'io già m'avea della tua somma amabilità. Svolsi la cara effigie e vi riconobbi il tuo brio, la tua nobile sincerità, l'altezza de' tuoi pensieri. Io non potea desiderare che tu avessi altri lineamenti. Li baciai con trasporto, e nel baciarli, la fantasia mi trasse a Firenze, e parvemi di stringerti in carne ed ossa fraternamente fra le mie braccia. Ah sì! questo ritratto dee somigliarti. Carlotta e Gegia me l'assicurarono, non tacendomi per altro che, ad onta della somiglianza che v'è, pr vi manca un non so che. - Ma che cos'è questo non so che? - Non sapremmo nemmeno dirlo, ma se tu vedessi la fisionomia della sig. Magiotti! v'è tant'anima! v'è tal misto di dolcezza e di vigore! v'è insomma quel non so che, che qui bensì trovasi in qualche modo accennato, ma che pur troppo non è riprodotto, e forse niun disegnatore abbastanza riprodurrebbe. - Pazienza! diss'io, ma pur son contento.

E me ne andai a casa col tesoretto sul cuore, e questo cuore, dimenticandosi di avere 43 anni, balzava come se avesse una sola ventina.

Ti ringrazio del dono carissimo, e ti abbraccio con indelebile amicizia.

Il tuo Silvio

Torino, 7 genn. 33

18.

[Torino, 27 marzo 1833][37]

---

[36] *Alla Signora / Quirina Magiotti / nata Mocenni / Firenze*
Autografo nella Biblioteca Marucelliana di Firenze (Manoscritti D36).
Pubblicata in S. PELLICO, *Lettere alla donna gentile*, cit. , pp. 98-99.
[37] *Alla Signora / Quirina Magiotti / nata Mocenni / Firenze*
Autografo nella Biblioteca Marucelliana di Firenze (Manoscritti D36).
Pubblicata in S. PELLICO, *Lettere alla donna gentile*, cit. pp. 99- 101.
L'anno si ricava dal timbro postale che presenta l'indicazione: *aprile 1833.*

Ottima Quirina

Da un secolo era senza nuove di te, eccomi finalmente ricco d'una tua carissima lettera. Tu dici che m'avevi scritto dal tuo romitorio, qualche settimana fa; conviene che quella lettera siasi perduta. Me ne dispiace; i tuoi caratteri mi sono sempre preziosi. Godo che il libro delle Mie Prigioni sia gradito anche costà; ma il suffragio tuo m'è più dolce di mille altri. E dopo il tuo, nessun suffragio è da me apprezzato che quello della tua amabile nipote, per la quale m'ispira grandissima stima tutto il bene che mi dici di lei. Non è meraviglia se una giovinetta educata da te riesca un angiolo. M'allegra il pensare che abbellisca i tuoi giorni. Possano tutti i tuoi desideri per essa venir coronati! So che oltre all'esser tanto buona, ell'è anche bellissima; me lo disse il pittore Ayres. - Il qual benedetto pittore so che non ti mandò ancora il mio ritratto. Ne lo distolsero altri lavori, che gli furono richiesti successivamente. - Scriverò ad un mio amico Torinese ch'è ora a Firenze e che in breve dee ripatriare, - il marchese di San Tommaso - di passare da te, a prendere ciò che per me vorrai rimettergli. Egli è persona di chiarissima coscienza.

Pur troppo non è vero, che allorché recitassi la *Gismonda*, io abbia potuto fare una corsa a Firenze ed ottimamente giudicasti ridendo della frottola. E perché sarei venuto incognito in un delizioso paese ove so che sono amato, e niuna ragione avrei di nascondermi? E come sarei stato io così stravagante di venire nella tua patria senza fermarmivi alquanto ad ammirarla e goderla? E principalmente a bearmi delle tua vista e delle tue parole?

Un viaggetto a Firenze lo voglio assolutamente fare. Cosa indugiata non è perduta.

Vieusseux mi scrisse la morte del buon Montani e gli onori che resi gli vennero dagli amici giornalisti.

Addio, mammina diletta. E poiché vuoi dirti mamma, la tua cara nipote m'è cugina; salutala dunque amorevolissimamente per parte del suo cugino Silvio. Dille che nella filiale tenerezza ch'ella ha per te, io le sono e le sarò sempre rivale ardentissimo. - Addio. Do un caldo bacio sulla mano di te e su quella di lei.

Torino, 27 marzo

## 19.

[Torino, 23 aprile 1833][38]

31

Ottima Quirina

Il padre Gian Gioseffo Boglino, amico mio dilettissimo e uomo di gran merito viene a passare qualche settimana a Firenze. Beato lui! ed infelice me che non posso seguitarlo! Ma egli in vece mia avrà la sorte d'inchinarsi innanzi a te, adorabile Donna, e tu l'onorerai del tuo caro sorriso: 1° pei pregi della sua bell'anima, 2° per l'amicizia che lo lega al tuo Silvio.
Anche la gentile mia cugina si compiaccia di volergli bene. Questo rispettabile discepolo di San Filippo è religiosissimo, senza selvatichezza, senza bacchettoneria, senza esagerazione alcuna. Egli era così operoso nella sua Congregazione a predicare, assistere ammalati, ecc. che la sua salute ne patì. Ei fa questo viaggetto per ristabilirsi.
Io mi rallegro pensando che qualche volta parlerete di me e della cara memoria di Ugo.
Addio, dolce amica. T'abbraccio con tutto il cuore, e teco la cugina.
Torino, 23 apr. 33

Silvio Pellico

## 20.

[Torino, 6 maggio 1833][39]

Ottima Quirina

sono un pigraccio, ma un pigraccio che t'ama, e pensa spessissimo a te, sebbene non ti scriva. So che San Quintino dee giungere quanto prima; e lo aspetto con impazienza, non solo perché lo stimo assai, ma perché avrà a parlarmi della mia carissima Quirina ed a consegnarmi quel misterioso astuccetto di cui mi parlò. - Oltre la lettera che mi reco il M. se di S. Tommaso; io aveva ricevuta anche l'altra tua contenente la memoria. M'immagino che a questa memoria non si sarà risposto. - Quanto alle altre cose che mi mandasti, sono sfoghi insignificanti, e tu dici benissimo - "fuoco senza sale" - Indovina chi verrà presto a darti il buon giorno? Deh! foss'io quello! Ma, ahimé non posso. Egli è il nostro buon Padre di San

[38] *Alla Signora / Quirina Magiotti / nata Mocenni / Firenze*
Autografo nella Biblioteca Marucelliana di Firenze (Manoscritti D36). Pubblicata in S. PELLICO, *Lettere alla donna gentile*, cit. , pp. 101-102.
[39] *Alla Signora / Quirina Magiotti / nata Mocenni / Firenze*
Autografo nella Biblioteca Marucelliana di Firenze (Manoscritti D36). Pubblicata in S. PELLICO, *Lettere alla donna gentile*, cit., pp. 102-103.

Filippo, il quale fa un viaggio a Roma, e fermerassi qualche settimana a Firenze. Già t'ho detto altre volte ch'egli ha un cuore nobilissimo e che lo amo quasi fratello. Tu lo vedrai volentieri, ed egli volentierissimo te. Sì, volentierissimo, perché sa quale egregia Donna tu sia, - ed anche a lui la memoria d'Ugo è cara come a noi, non già ch'ei l'abbia conosciuto di persona, ma per la reverenza del suo ingegno. Ei sa in quale altissimo pregio io ti tenga, e gli è noto che non sono facile all'entusiasmo e che quando stimo sì eminentemente una persona, bisogna ch'io abbia profonda contezza della sua virtù.

D'or innanzi, allorché mi scriverai per posta, dirigi le lettere a me semplicemente.

Addio, Mammina amatissima, e poi se la tua bella nipote mi permette ch'io l'abbia per cugina, abbracciala per me, e dille che poiché tu le vuoi tanto bene, gliene voglio anch'io molto. Quanto ell'è felice di vivere presso una zia così adorabile! Amatemi, Mamma e cara cugina, e credetemi di cuore l'amico vostro affezionatissimo

Silvio

Torino, 6 maggio 33

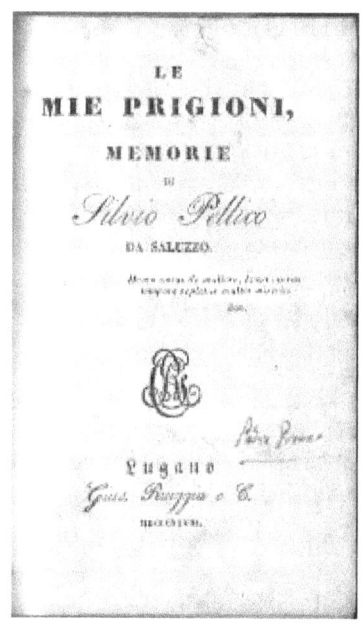

*Un'edizione "pirata" de Le mie prigioni
stampata a Lugano nel 1833.*

**21.**

[Torino, 15 maggio 1833][40]

Ottima Quirina.
Qual gentil pensiero fu il tuo! Quanta bontà, quanta amicizia nel prezioso dono che m'hai fatto! Come potrò mai dimostrartene la mia contentezza, la mia gratitudine? Un dono tuo avrebbe sempre avuto per me altissimo valore, qualunque fosse stato. Ma pensare a darmi così inestimabile reliquia! l'orologio d'Alfieri! Puoi immaginarti se sono altero di possedere

[40] *Alla Signora / Quirina Magiotti / nata Mocenni / Firenze*
Autografo nella Biblioteca Marucelliana di Firenze (Manoscritti D36). Pubblicata in S. PELLICO, *Lettere alla donna gentile*, cit. pp. 104-105.

questo tesoro, e di possederlo per grazia d'un'amica senza pari, per grazia tua. San Quintino cominciò a rimettermi la tua lettera, e disse che aveva accettato d'essere il portatore di quel regalo, a condizione di tacermene la natura sino al momento che mi venisse dalla Marchesa di San Tommaso presentato con solennità. Il giorno sacro fu ieri, martedì 14 maggio. Un invito per le 8 era stato fatto a molte distinte persone. Prima di quell'ora, durante il pranzo e dopo, San quintino mi parlò assaissimo di te, adorata Quirina, della tua amabilità, di tutte le tue virtù, delle cure materne ch'hai assunto verso mia cugina, e tutti ti benedicevano, ma niuno ti benediceva con maggior tenerezza e venerazione di me. Egli intrometteva frequente menzione del tuo misterioso dono, e si divertiva ad ispirarmi or questa or quella ipotesi, soggiungendo per altro sempre che la mia aspettazione sarebbe stata superata dalla cosa. Io inclinava a credere che, poiché il merito di tal cosa doveva essere sì grande a' miei occhi, fosse un fedelissimo tuo ritratto; e mi piaceva fermarmi in quest'idea, massimamente udendo da San Quintino essere il ritratto che ho di te infedelissimo e da nascondersi, perché non esprime per nulla tutto ciò che ha d'egregio la tua cara fisionomia. Se non era questo, io mi figurava potesse essere qualche reliquietta del nostro amato Ugo, forse un libretto da lui postillato, forse qualche suo scritto a me ignoto, forse un suo calamaio. Poi mi diceva essere una specie di antichità, essere cosa contenente un'iscrizione, e tante mi vennero dette e così contraddittorie, che or pareva fosse del regno animale, or del minerale, ora un misto di tutti i regni, - e persino un pappagallo, un cagnolino, una scimmia. Oh povero me! Io impazzava, ed i crudeli ridevano della mia smania, e non v'era modo di fare anticipare il momento della scoperta. - Le otto finalmente giunsero, il crocchio era adunato; in volto a tutte le persone ignare del secreto vedevasi l'ansietà; - e nel mio? Non occorre dirlo. La Marchesa di San Tommaso con la più gentile festevolezza, mostrandosi gloriosa d'essere in quell'istante l'interprete d'una così bell'anima qual è la tua, trasse fuori il dono dicendo d'Alfieri ciò che sì gran nome merita, e di me ciò che pur troppo non merito, e soggiungendo ciò che alla toscana donatrice era dovuto. Il sospirato oggetto uscì dall'astuccio. Ammirazione mia, ammirazione altrui, plausi, abbracciamenti, scena non descrivibile di contento e di gloria. Potrei anche dire per verità, scena di confusione per me, perocchè tutti, per soverchia parzialità a mio favore, m'acclamavano degno d'essere stato fatto dall'ingegnosa tua amicizia possessore dell'orologio di Vittorio Alfieri, ed io invece sentiva più che mai l'inferiorità del mio povero intelletto a fronte di quel Sommo Tragico; né per altro poteva riputarmi alquanto degno d'acquistare dalle generose tue mani siffatto tesoro, se non perch'io, del pari che infiniti altrui, nutrendo

35

D'Alfieri la più profonda reverenza, era in caso d'estimare in supremo grado tal memoria.

Eppure, dilettissima amica, ti dico davvero che, se esulto d'avere sì prezioso orologio per essere stato di quel Grande, esulto più ancora di vedermi così amato, così onorato da te, che tu abbia voluto darmene così squisita testimonianza. Mia gloria è d'aver capito da gran tempo l'eccellenza dell'anima tua.

Che brav'uomo è il nostro San Quintino! Io gli voleva già bene, ma ora gliene voglio il doppio, tanta fu l'amorevole sua gioia in questa solenne presentazione del dono tuo, e tante sono le carissime cose che mi disse di te. Ei me ne disse pure di sommamente amabili per parte di mia cugina. E tu dille che l'amo come figlia tua; e m'è noto quant'ella sappia meritarsi d'averti per mamma.

Ma San Quintino mi sgrida d'aver permesso, che a me pure tu ti dicessi mamma, e consente solo ch'io ti chiami sorella. Tutti i titoli d'amore ti convengono, ad alcuno non mi par bastante a qualificare un cuore d'amica sì raro. T'abbraccio intenerito di riconoscenza fino alle lagrime, ed abbraccio teco la cugina.

Silvio tuo

Torino, 15 maggio, 1833

## 22.

Torino, 8 giugno 1833[41]

Quirina mia.

Spero che la tua cara salute si sarà perfettamente ristabilita. Non trascurarla, per carità; è preziosa per molti, ed io pretendo esser primo fra questi molti. - Ebbi ne' giorni scorsi inferma più del solito mia Madre, e questo mi diede molta afflizione. Or, grazie al cielo, torna a stare in quella sua consueta mediocrità, che non è mai libera da dolori, ma che non mette particolare inquietudine. Com'è fatto il povero cuore umano! Sebbene questa vita sia così breve e travagliata, sebbene teniamo per fermo esservi un'altra vita,

---

[41] *Alla Signora / Quirina Magiotti / nata Mocenni / Firenze*
Autografo nella Biblioteca Marucelliana di Firenze (Manoscritti D36). Pubblicata in S. PELLICO, *Lettere alla donna gentile*, cit. , pp. 109-110.

che per i buoni sarà felicissima, pure non possiamo rassegnarci all'idea di veder trapassare alcuno de' nostri cari. Ah! l'amare è soave cosa, ma quanti affanni pur costa! Nondimeno è meglio patire tutti questi affanni ed amare, che avere un cuore arido.

Tu non potresti credere quanti onori m'hai cagionato! Tutta la città ha voluto e vuole vedere l'orologio di Vittorio Alfieri; tutta la città applaude al dono, e mi confonde col complimento di dire che lo merito. Ma ciò che mi fa più piacere si è d'udire la voce universale lodarti, benedirti, dimandare con amore chi sei, da quando e dove e come t'ho conosciuta.

Ed allorché dico che non ci siamo veduti, e che la più tenera amicizia ci unisce per sola relazione epistolare, allargano gli occhi, stupiscono, esclamano: "Che donna! Che nobil'anima! Puossi avere un pensiero più gentile? Venirle in mente di onorare così il nostro Pellico!" Ed allora io, mia cara, mia carissima, credi tu ch'io insuperbisca di possedere questo prezioso orologio? Non dirò di non insuperbire un poco; ma ciò di che più insuperbisco si è d'avere una Quirina Magiotti per amica mia! Ah il tuo cuore è un tesoro di gentilezza e d'amicizia; la tua mente è elevata come poche altre si possono dare sulla terra!

Facesti ottimamente a dirmi quale stretta conoscenza vi fosse tra la tua famiglia ed Alfieri. Queste sono notizie di gran prezzo per me, e tali sono pure per tutti coloro a cui ne favello. Siccome ora ognuno qui ti ama e ti loda, così ognuno accoglie con piacere ogni notizia che ti riguardi, ed esulta che il vecchio Alfieri abbia amata te giovinetta, ed abbracciata, e baciata in fronte.

Non sono qui il solo a giubilare d'esserti amico. Anche quell'ottim'uomo di San Quintino va altero di tanta fortuna, e parla sempre dell'incomparabile Quirina con grande affetto.

non lasciarmi lungamente senza nuove della tua salute. E possa essere secondo i miei voti! Addio, sorella diletta. salutami la gentilissima Cugina. T'abbraccio con tutta l'anima.

Silvio tuo


## 23.

[Torino, 5 luglio 1833][42]

---

[42] *Alla Signora / Quirina Magiotti / nata Mocenni / Firenze*

Mettiamoci una volta a scrivere all'amatissima Quirina; lasciamo là tutte quelle importune occupazioni che già troppo mi fecero procrastinare questo mio desiderato piacere.

Io ti scrivo poco, perché mille cose mi vanno rubando il tempo, e nondimeno, o dolce sorella, m'è sì caro il ridirti questa verità che sento sì viva nel cuore: che godo di pensare a te - che godo di essere onorato della tua stima e della tua amicizia - che godo d'amarti!

Mi sono affezionato molto al gentile San Quintino, dacch'ei mi parla frequentemente di te, dacchè so che ti venera tanto. Ei mi dice tutte le tue vicende, tutto il tuo genere di vita, tutta la tua amabilità verso ognuno e più verso gli uomini di merito; le graziose società che raduni, il dolce incanto che vi spargi, l'amore che tutti ti portano, la tenerezza materna che effondi su mia cugina Ernestina ed a cui ella corrisponde con filiale tenerezza. Esulto in udire siffatte descrizioni, e scopro che sei, in tutto, com'io già t'indovinava: una donna rara per bei modi, per bei sentimenti, per ogni stimabile qualità. Oh beato chi ti vive vicino, Quirina amata! Ci vogliono veramente tutte le ineluttabili ragioni di famiglia che mi comandano per trattenermi dall'andarti a rendere omaggio in persona. Quanto ho invidiato al buon padre Boglino la fortuna ch'egli ha avuta! S', egli è un'anima calda e retta, come tu dici, ma non è vero ch'io sia migliore di lui. - Dì alla tua cameriera ed al tuo cuoco che trovo molto gentile il pensier loro di dar nomi belli al lor figliuolo, e che vado altero che lor sia sembrato bello anche il mio. E' un onore l'avere associato il mio nome a quello di Quirino, Ugo, Vittorio. - Vedi, o incantatrice, il magico potere del tuo ingegno e del tuo cuore; tu ne trasfondi qualche scintilla, sino nell'animo de' tuoi servi. E se quel bambino ha giudizio, farà tali sforzi col suo cervello, che ad onta d'Ernestina, que' nomi non sieno sciupati.

Addio, sorella, addio angiolo. T'amo con tutto il cuore, e non potendo andare a S. Leolino, mi vi trasporto spesso col pensiero, e ti vedo errare là in quelle pergole, meditando tante dolci cose, e frammischiando la mia memoria all'altre che ti sono care, - e particolarmente a quella del nostro Ugo.

Povero Ugo! Uomo, non scevro di qualche torto, ma generoso amatore della virtù! Dove sarà egli? Talvolta mi prende la smania di sapere dov'egli sia. Ed un forte presentimento mi dice che Dio gli avrà usato splendida

---

Autografo nella Biblioteca Marucelliana di Firenze (Manoscritti D36). Pubblicata in S. PELLICO, *Lettere alla donna gentile*, cit. , pp. 111-112.

misericordia, e che lo rivedremo un dì nel soggiorno della giustizia e della felicità.

Addio, diletta. Salutami la bella cugina. Sono il fratello tuo Silvio.

## 24.

[Torino, 17 settembre 1833][43]

Mia ottima Quirina.

Reduce da qualche corsa che ho fatta per le belle montagne di Saluzzo, e dove m'è accaduto d'esser trattenuto più che non voleva dal Po e da altre correnti, enormemente ingrossatesi per repentini diluvii, trovo una tua lettera che ad un tempo mi consola e mi fa fremere. Come! la tua cara vita è stata in pericolo? Ed io nulla sapevo! e mi divertiva! e pensava spesso a te con lieta fantasia, figurandoti in belle campagne, simili a quelle ch'io visitava, rallegrata dalla ridente natura e dalla cara compagnia della tua Ernestina! E poco intanto mancò ch'io ti perdessi! Iddio ebbe pietà di chi ti ama; siano a lui grazie. Vivi, amata Quirina! vivi lungamente! I tuoi giorni sono preziosi per Ernestina, per me, per chiunque conosca la tua rara virtù ed abbia anima per sentirla. Ma ora come stai, amica? Sei tu risanata bene? Hai riacquistato le forze? Deh, abbi, te ne prego, somma cura di te. E fammi la grazia di darmi di nuovo subito notizie della tua salute. Talvolta una malattia purifica il sangue, e rimane nel corpo risanato maggior potenza di vita. Dio voglia che sia appunto così di te!

Oggi è per me un gran giorno; l'anniversario del mio ritorno in famiglia, dopo tanti anni di sventura. Come il tempo or vola rapido, invece che sì lungo in que' terribili dieci anni mi parve! Ma alla felicità che ho ritrovata ritornando fra i viventi, me ne manca sempre una grande: quella di vederti! Addio, carissima sorella. Cercherò di San Quintino per dargli nuove di te, poi ripartirò per la campagna. Salutami l'amabile mia cugina. Scrivimi, te ne prego. Sono per tutta la vita, il tuo aff. mo fratello Silvio

Torino, 17 sett. 33

## 25.

[43] *Alla Signora / Quirina Magiotti / nata Mocenni / Firenze*
Autografo nella Biblioteca Marucelliana di Firenze (Manoscritti D36). Pubblicata in S. PELLICO, *Lettere alla donna gentile*, cit. , pp. 113-114.

Ottima Quirina.

Sai tu che sono in Torino que' brutti malanni, chiamati grippe che afferrano la gola ed il petto ad ogni onesta persona? Sai tu che fra i miei conoscenti parecchi ammalarono, ed alcuni pur troppo morirono? Sai tu ch'io medesimo stetti, non gravemente ammalato, ma penosissimamente infermiccio, a cagione che il grippe si metamorfosò in quell'asma, che quando mi piglia, dura assai? Ora sto meglio e cesso d'esser pigro e ti prego di darmi le carissime nuove tue.

Ti mando una mia nuova tragedia, non molto bella, che testé pubblicai. Mi piace in essa il nobile carattere del protagonista (Tommaso Moro), ma vi mancano que' forti contrasti di passioni, ché danno risalto. Leggila, e dammene il parer tuo. - Ho veduto il *Ludovico il Moro* di Niccolini, che ha grandi bellezze. Non so se sbaglio, ma il suo stile della tragedia debb'essere più semplice; - forse il mio è semplice troppo. Che ne dici, amica?

Quando San Quintino partì, io non ne seppi nulla. S'è ancora a Firenze, salutalo tanto per me.

Ora si stampa un mio Discorso intitolato Dei Doveri.[45] Tu, che sei perfetta, non v'imparerai niente. È una enumerazione de' doveri del cittadino, fatta per chiamare l'attenzione sovr'essi, e ricordare che senza la coltura di tutti i gentili e generosi sentimenti, l'uomo è una cosaccia disutile, mentre con quella coltura egli è nobilissima cosa.

Se t'è noto che il cav. Dal Pozzo, piemontese, stabilito a Parigi, uomo d'ingegno, ha scritto un po' ingiuriosamente contro me, a proposito delle Mie Prigioni, cercando di mettere in dubbio la mia veracità. - non te ne inquietare. Io non me n'inquieto niente affatto. Ho per principio di non rispondere mai nulla a chi m'assale per iscritto. Questo è il miglior modo di punire i malevoli. - Anche Chautebriand ha avuto la tentazione di schierarsi fra i nemici del mio libro. Ha gridato forte ne' saloni di Parigi e minacciato di scrivermi contro. Or dicono che abbia deposto questo zelante pensiero. Faccia anch'egli quel che l'animo gl'ispira. Curiosa gente que' tali, che,

---

[44] *Alla Signora / Quirina Magiotti / nata Mocenni / Firenze*
Autografo nella Biblioteca Marucelliana di Firenze (Manoscritti D36). Pubblicata in S. PELLICO, *Lettere alla donna gentile*, cit. , pp. 114-116.
[45] S. PELLICO, *Dei doveri degli uomini: discorso ad un giovane di Silvio Pellico da Saluzzo*, Torino, Giuseppe Bocca, 1834.

senza essere stati provocati, s'arrabbiano dell'altrui fama ed ardono di scemarla! Il mio Ugo allungava le labbra e li chiamava cani idrofobi. Perdonami il lungo silenzio ed amami. Saluta la mia cara e buona ed ingegnosa cugina.

t'abbraccio con tutto il cuore.

il tuo Silvio

Torino, 21 dic. 33

*L'attrice Carlotta Marchionni apprezzata interprete di diverse tragedie del Pellico che nel 1832 durante una tournée aveva recitato anche a Firenze e conosciuto di persona Quirina.*

## 26.

Torino, 28 dic. 33[46]

Carissima Quirina.

Le nostre lettere si sono incrociate. Nell'ultima mia ti diceva che dopo qualche maluccio, io stava di nuovo in salute discreta. Vado ogni dì più riacquistando vigore. Sarà effetto degli amabili augurii tuoi, de' quali ti rendo grazie. Li contraccambio con tutta l'anima, ed auguro a me medesimo di potere nel 1834 venirti a stampare i più teneri baci fraterni sovra ambe le mani ed ambo gli occhi. Questo mio dolce desiderio ha pur troppo avuto sinora invincibili impedimenti. I miei genitori temono sempre pericoli per me, e non hanno ancora consentito ch'io esca dello stato.

Ma continuando la pubblica tranquillità, spero sempre che un viaggetto sino a Firenze mi sarà possibile. Duolmi che, per la perdita del fattore, abbia avuto occupazioni straordinarie, ed io non sia stato così fortunato da essere teco per aiutarti. Penso ognora a te ed invidio chi può viverti vicino. Parlo di te e delle tue virtù con tutti coloro cui fo vedere la bella e preziosissima reliquia di Alfieri, della quale la tua amicizia m'ha onorato.

Tu mi chiedi se ho stampato cose nuove. Avrai ricevuto appunto il mio Tommaso Moro, tragedia forse troppo scarsa d'az'one e di contrasti, ora che amansi quadri di molta composizione, ma nella quale campeggia il carattere d'un ottimo mortale.

sto sempre lavorando ad un romanzo storico, che confido terminare prima della primavera. Ora ho sotto i torchi un discorso morale alla gioventù.

L'amico Gioseffo ebbe un po' di malattia. Ti ringrazia della tua cara memoria e ti saluta. Il tuo spirito e la tua bontà lo incantarono, ed io godo udendolo favellarmi con entusiasmo di te.

Addio, sorella amatissima, che per divieto di San Quintino non oso più chiamare mamma.

Saluta la mia cara cugina, e vivete ambe sane ed allegre e benevole al vostro affezionatissimo Silvio

---

[46] *Alla Signora / Quirina Magiotti / nata Mocenni / Firenze*
Autografo nella Biblioteca Marucelliana di Firenze (Manoscritti D36). Pubblicata in S. PELLICO, *Lettere alla donna gentile*, cit. , pp. 116-117.

## 27.

12 febbr. 34[47]

Ottima Quirina.

Tu crederai che sieno i divertimenti carnevaleschi che m'abbiano tolto per così lungo tempo di scriverti; [tu] crederai fors'anche esser vera la voce sparsasi [ch'io] prendessi moglie. Questa voce andò fino a [Roma], e di là ritorna alle orecchie mie. Chi m'assegnava per isposa questa, chi quella; e [non] fu altro che una favola di qualche ozioso. Il più [strano] si è che sia nata quella favola, senza la minima cagione da me data a simile invenzione. [Non] m'è venuto mai, dacché son ritornato nel [mondo] il pensiero di maritarmi, perché oltrepassati i quarant'anni; e con poca salute, il matrimonio sarebbe follia – e nessuna considerazione potrebbe [se non l'amore] indurmivi – meno poi quella (siccome taluni supposero) d'allargare la mia fortuna, [sposando] una ricca. – Qui il *Tommaso Moro* fu recitato per tre sere di seguito con infiniti applausi, malgrado che la prima sera vi fosse [una] cabaletta per farlo cadere. I pochi avversi furono svergognati dal brillante successo, dovuto, [a dir vero] all'incredibile abilità Marchionni ed al merito di tutti gli attori in generale. Non m'aspettava un esito così trionfante, e sono contentissimo. Ciò per altro non m'acceca per riguardo alla tragedia, la quale trovo io pure assai mancante di contrasti; ed ascrivo quel soverchio successo all'amore che mi portano i miei indulgenti compatrioti. A Firenze ignoro se il pubblico sia stato severo; abbi la compiacenza di darmene contezza; qualcheduno te ne avrà parlato. E se fosse stata fischiata, dimmelo.

Il mio discorso ai Giovani sta per uscire. Godo che facciasi costà un giornale pe' fanciulli: può essere giovevole. Le troppe occupazioni che ho, non mi permettono di prendervi parte. Altri giornalisti m'hanno chiesto articoli, ed a [tutti] sono obbligato a ricusarli, perché mi preme di finire il mio romanzo ed altri lavori incominciati.

Brava m. [lle] Churchill! ha fatto bene a dirti con quanto amore le ho parlato di te, donna veramente rara che sei! Donna, a cui dal primo giorno che mi ti facesti conoscere, m'ispirasti un'immensa stima ed un'amicizia come se fossimo stati d'antica conoscenza. Quell'ottima signora inglese, t'apprezza

---

[47] *Alla Signora / Quirina Magiotti / nata Mocenni / Firenze*
Autografo nella Biblioteca Marucelliana di Firenze (Manoscritti D36).
Pubblicata in S. PELLICO, *Lettere alla donna gentile*, cit. , pp. 118-120.

infinitamente, ed ha voluto dartene prova scrivendoti, e facendoti vedere que' miei versi scritti nel suo Album. Sono versi di poco valore, ma così componevali io in carcere senza poterli scrivere, e faceva la fatica di tenerli a memoria. Mediocri quali sono, hanno tuttavia per me l'interesse d'essere ricordanze di quell'infelicissimo mio tempo. Ringrazio Iddio che mi desse in cotanto dolore un po' di fantasia per poetare e memoria tenace per esercitarmi a ripetere le cose fatte senza quella vita intellettuale, la perpetua angoscia m'avrebbe ucciso, o sarei diventato stupido. – Codesta sig. ra Churchill, colla quale non v'è mai stato questione di matrimonio, ed alla quale non ho mai detto parola d'amore, è una delle spose che i favoleggiatori m'hanno assegnate. Che sciocchi! Ti saluto. Buona Quaresima. La cugina sarà un po' stanca del gran ballare. Porgile il mio fraterno amplesso. Addio, sorella carissima. Sono
Il tuo Silvio

## 28.

[Torino, 12 maggio 1834][48]

Ottima Quirina.
Come potesti mai immaginarti che tu mi spiacessi procacciando che il mio libretto de' Doveri fosse ristampato costà? No, carissima, non sono così ingiusto. Quella ristampa non mi poteva nuocere, giacché se non la facevano que' tuoi gentili amici, altri l'avrebbero ugualmente fatta, e non v'era punto mestieri chiedermene il permesso.
Sappi che la scarsezza delle lettere non proviene se dalla molteplicità inevitabile delle mie occupazioni, e pur troppo non sono tutte occupazioni volute. Gran parte di tempo mì è tolto da passeggeri, italiani ed esteri, che vengono a vedermi, e questa perpetua gentilezza si può scansare alcune volte, ma di rado. Perdonami dunque, o buona amica, e non sospettarmi ingrato né strano. Dimmi se hai ricevuto la mia Cantica - *Eugilde della*

---

[48] *Alla Signora / Quirina Magiotti / nata Mocenni / Firenze*
Autografo nella Biblioteca Marucelliana di Firenze (Manoscritti D36). Pubblicata in S. PELLICO, *Lettere alla donna gentile*, cit. , pp. 120-123. Laudomia Capineri Cipriani data la lettera al 12 maggio sulla base del timbro postale, ma il 12 maggio è il giorno dell'arrivo a Firenze e non della partenza da Torino.

*Roccia*[49] - della quale ti feci invio un mese fa. - Non ho più stampato altro che quella cosuccia.

Invece di pubblicare con la mia stampa la mia tragedia di *Corradino*, la diedi alle scene, e tra i difetti che ha, tra un po' di cabala, ebbe per sorte un solenne fiasco. Al momento d'andare a teatro, uno stuolo d'avversari ch'era al Gabinetto Letterario, disse : "Andiamo a fischiare il *Corradino*; non abbiamo potuto far cadere il *Tommaso Moro*, facciamo cader questa." E mantennero allegramente la parola: il che non m'ha dato la minima inquietudine.

Credo per altro che, se la mia tragedia fosse stata ricca di bellezze, avrebbe trionfato. Anche da un fiasco s'impara qualche cosa per l'arte. Cosa singolare che molti i quali avevano letto il mio *Corradino*, dicevano essere quella fra le mie tragedie, che doveva piacere maggiormente. Ma dalla lettura non si può mai decidere dell'effetto teatrale.

Ti ringrazio del libretto ristampato che m'hai spedito da M.lle Churchill e degli altri tre libri. Questi tre dovettero stare indietro e li riceverò poi. Ella mi disse quali sono, e già li conosco, ma non ti sono meno obbligato della amichevole cortesia. Non ti sorprenda, ottima amica, se i miei scritti sono diversamente interpretati. Lascia dire, come lascio dir io. Ognuno pronunzia su qualsiasi cosa secondo i propri lumi e le proprie passioni. Non è che il tempo il quale stabilisce una specie d'opinione concorde, quasi universale, su quegli uomini di cui la fama non tacque. Io sono indifferente a biasimi che non sento di meritare e proseguo la mia strada. - Due generi di fanatici mi sono contrari (e se non fosse così, varrei poco) - coloro che si credono liberali, desiderando alla cieca rivolte plebee ed irreligione - e coloro che si credono santi, desiderando alla cieca persecuzione in nome di Dio. Mentre que' miseri giacobinucci, o liberalucci, senza dottrina, senza alte vedute, senza esperienza, senza relazione con menti elevate, dai loro puerili circoletti municipali sognano e gridano, che per essere uomo di forte senno dovrei essere come loro, e che mostrandomi diversissimo da essi sono un imbecille, o peggio - gli Autori della Voce della Ragione (giornale di Pesaro) sognano e gridano che il mio linguaggio cristiano è finzione, e si scagliano graziosamente ad ingiuriarmi, a deplorare ch'io non sia stato appiccato; niente meno di questo. - Compiango gli uni e gli altri: il demonio dell'odio possiede i loro intelletti. Hanno l'abbietto bisogno di denigrare, di concepire astuti sospetti; hanno una specie d'idrofobia per la moderazione, per la generosa fiducia; ignorano che gli sforzi d'astuzia per interpretar male, sono un modo falsissimo di giudicare.

---

[49]S. PELLICO, *Eugilde dalla Roccia : cantica*, Torino, Stamperia Reale, 1834.

Non rispondo mai a quegli sciagurati delle due laide fazioni né a voce, né in iscritto. - Proseguo, ti dico, la mia strada. Stampo seconda la mia vera credenza: non mi fingo Cattolico, ma lo sono. - E non maledico gli increduli, né gli opposti fanatici, ma prego per loro sinceramente; e mi rallegro scorgendo ch'essi non sono i più. Siamo in una via lenta, ma sicura di guarigione da molti volgari errori. La filosofia irreligiosa cade meritatamente in discredito e noia, e la religione esaminata senz'odio appare ciò che è; la sola maestra di verità, di virtù umane e di virtù patrie. Addio, cara sorella. Abbraccio teco la Cugina, ti rendo mille grazie di tanta dolce amicizia che mi porti e sono - Colui che ti stima ed ama, e Colui che lascia dire, ed opera e parla senza artifizi, e sorride dei titoli maligni che i pargoleggianti si divertono a dargli.

Silvio tuo.

**29.**

Dai colli di Torino, 15 luglio 34[50]

Sorella Quirina.
Mi prostro a chiederti perdono del mio lungo silenzio, e mi rialzo subito, persuaso che dalla tua bontà il perdono m'è immediatamente conceduto. E questa bontà tua che già da tanto tempo conosco, m'appare nel suo solito splendore dalla lettera che mi scrivi, nella quale invece di sgridarmi sonoramente, mi dici infinite amorevolezze. Vera amica, ti ringrazio di sì cara indulgenza. Sappi che non un giorno sono stato immemore di te; sappi che cento volte mi son detto: "Scriviamo a quell'Angiolo di Quirina". E poi, ora una faccenda, ora un'altra, or la pigrizia - quella maledetta pigrizia che sì facilmente mi fa dire: "Scriverò per l'altro corriere" - or la mia triste salute, ora i visitatori inevitabili; - e così manco e rimango al proposito, e me ne do biasimo, e torno a mancarvi. E sappi pure che l'Eugilde t'era stata spedita per la posta, e non doveva andare in fumo com'è andata, perocché la è una cantica innocentissima, senza alcuna relazione con la politica siccome ben puoi immaginarti, essendo stampata a Torino. E vedi fatalità! La stampa non essendo stata una pubblicazione mia, ma cosa tutta del marchese di Rorà, al quale feci dono di quella cantica, perché servisse a rendere più

---

[50] *Alla Signora / Quirina Magiotti / nata Mocenni / Firenze*
Autografo nella Biblioteca Marucelliana di Firenze (Manoscritti D36).
Pubblicata in S. PELLICO, *Lettere alla donna gentile*, cit. , pp. 123-126.

47

lucrosa la lotteria da lui diretta, a favore del Manicomio, - che avvenne? Mi feci scrupolo di chiedergli tutte le copie che mi sarebbero occorse per gli amici, e quando avrei voluto, almeno col mio danaro, acquistarne ancora alcuna, l'edizione era spacciata. Abbi pazienza. Ristamperò nel prossimo inverno l'*Eugilde* con tre o quattro altre cantiche, ed allora sarai risarcita. In questa buona stagione del caldo io sto meglio. Fui senza fiato quasi tutto maggio. Tuttavia m'alzava ogni giorno. Or l'affanno se ne ito; mangio, digerisco e sinché va così, sono contento.

Ti scrivo dalla villa Barolo, ove sono ospite da tre settimane. La vicinanza di Torino fa che posso ogni settimana, una o più volte, recarmi in città ed abbracciare i miei buoni Parenti. Questi, grazie al Cielo, stanno bene, il che per me è somma consolazione.

I Barolo sono famiglia a me amicissima. In essa da più anni abita la sig. <sup>ra</sup> Churchill, che tu conosci, ed alla quale ho fatto i tuoi saluti. Ella t'è grata della tua ricordanza e ti risaluta. La mia penna va lavorando adagino a più cose. Or limo le tre ultime mie tragedie, cioè: il *Corradino* (stato fischiato qui tre mesi sono) - i *Francesi in Agrigento* - e *Raffaella da Lucca*.

Stamperò tutto ciò nell'inverno. Ho scritta una mia vita che per ora non vedrà la luce. Tengo altri lavori mezzi fatti che intendo proseguire; - e così scorrono i giorni miei senza ch'io mi curi delle impertinenze che le fazioni esagerate vanno talvolta vociferando o stampando contro me. - Sono obbligato al Ciardetti della copia che t'ha dato per essermi inviata: quando avrai qualche occasione fammela tenere. - Il Malvica di Palermo m'ha mandato il suo elogio del nostro Cicognara[51]. - è gran tempo che non m'incontro nel buon San Quintino: sarà alla sua villa. Gli voglio bene per tutti i suoi meriti, e perché vuole gran bene a te. - Addio. Salutami la cara Cugina, e state ambe in buona salute.

Il tuo Silvio

**30.**

[Torino, 1 dicembre 1834][52]

---

[51] Leopoldo Cicognara.
[52] *Alla Signora / Quirina Magiotti / nata Mocenni / Firenze*
Autografo nella Biblioteca Marucelliana di Firenze (Manoscritti D36). Pubblicata in S. PELLICO, *Lettere alla donna gentile*, cit. , pp. 123-126. La lettera e di difficile lettura, perché l'inchiostro è passato da una parte all'altra del foglio, macchiandolo.

Amica e Sorella, ma non Mamma, al dire di San Quintino che mi vietò di darti questo titolo. Amica dunque e sorella, tu vuoi sapere che faccia Silvio Pellico? Eccolo a' tuoi piedi, come uomo che par colpevole di dimenticanza, e non è. Imprimo un bacio su quella cara mano che mi scrive espressioni sempre amorevoli, sin quando si lagna di me; poi m'alzo, do una stretta di mano alla tua Ernestina e siedo fra te e lei, e vi racconto la mia vita, cominciando da un secolo fa. Bisogna mi confessi colpevolissimo che, mentre ognora mi ricordava di te, e pensava ch'io t'era debitore di risposta, i giorni e le settimane passavano ed io non afferrava mai il momento di scriverti. Questo ritardare a rispondere alle persone amatissime è pessima cosa, ed io vi ricado vergognosamente. Con te poi, che fra le amatissime, hai più di dieci altre ogni diritto all'affezione più cordiale, stante le vere prove di bontà onde m'hai ricolmo, con te, Quirina, il mio scellerato silenzio e più abominevole che nol sarebbe con dieci, con venti, con cento altre bell'anime che mi volessero un po' di bene. Perdona per carità! Che proprio m'incresce d'esser così reo, e così in bestiale contraddizione colla somma stima ed indelebile amicizia che ho per te. Perdona, ed ecco che sono finalmente qui a renderti conto delle cose mie, durante quel brutto secolo di silenzio.

Solita vita di famiglia, che sarebbe stata felice, se non avessi avuto frequenti inquietudini sulla salute d'una Madre, che ha settant'anni, non infermissima, grazie al Cielo, ma sempre dolorante.

Solita vita letteraria, ma senza lavorar molto, perché le cure affettuose di famiglia, le gradite e le nojose inevitabili visite da riceversi e da rendersi, ed un po' di guerra che mi fa il mio povero petto, mi rubarono, e continuamente mi rubano, un tempo incredibile.

Solita gentile smania di tutti i forestieri d'ogni nazione e fazione, grado e sesso, dottrina ed ignoranza, di voler vedere, passando a Torino l'Orso bianco, uscito dalla gabbia Spielberghese, gentilezza che non diverte [punto] l'Orso, ma alla quale pure non rade volte è forza che faccia buon viso, e dica Signori e Signore! La [bestia] è qui.

Solita gentile smania di tutti, od almeno due terzi degli autori, italiani e francesi, che mi scrivono con perché, o senza perché, ed ai quali, son bensì sempre in ritardo, ma pure è forza quasi sempre ch'io risponda alcune righe.

Solita gentile smania di tutti, od almeno due terzi di giovani studiosi, buoni e non buoni, che vorrebbero ch'io trovassi buone le loro tragedie, le loro commedie, i loro poemi epici, lirici, didascalici, ecc. ed a cui mi sfiato di dire: "Consultatemi meno e studiate di più." Solita insopportabile ed enormissima pazzia di gente che sogna, ch'io debba mischiarmi di politica, e che non si possa essere stato allo Spielberg, senza prendere parte sublime,

49

pro o contro, ai fanatismi de' Guelfi o de' Ghibellini, ed a cui mi sfiato a rispondere: "Amo la patria quanto voi, e probabilmente più di voi, ma sono nemico delle stolte e funeste guerre civili, e detesto tutte le follie che possono trarre a ciò, ed a nessuno bene pubblico.

Tal fu, e tal è, Quirina, la vita del tuo Silvio. Or aggiungo, che dai primi, credo, di giugno, andai a villeggiare alla Vigna Barolo, qui sulla collina del Po, vicino Moncalieri. Essendo a quattro sole miglia da Torino, io veniva una o due volte per settimana a vedere i Genitori, passava alcune ore con essi, e me ne ritornava prima di sera in villa. È luogo delizioso e vissi fra ottime persone, ma con salute spesso miserevole. E quando cessò il caldo, stetti peggio. Asma, tosse, febbre; - ho creduto non guarir più.

Abbandonai la campagna a' 4 novembre, e m'andava male la prima settimana. Poi l'asma cessò. La tosse era stata cacciata con latte d'asina. Ed ora, senz'essere un Ercole, tuttavia, sono bastevolmente contento di questi cari polmoni, che di nuovo hanno la compiacenza di respirare a mio genio.

Addio, amica. L'orologio alfieriano che tu conosci, mi segna ora tarda, e sono costretto di lasciarti. Addio. Perdonami ed amami sempre.[53]

Salutami la nostra cara nipotina. - sono di tutto cuore

il tuo aff. mo Silvio

## 31.

[Torino, 6 gennaio 1835][54]

---

[53] Ho trascritto quasi mille lettere del Pellico curando l'edizione del suo epistolario e questa è una delle poche lettere in cui Pellico si mostra insofferente, d'altra parte, il successo del suo libro era stato per lui inaspettato e lo aveva esposto ad attese e giudizi a volte fin troppo generosi o al contrario malevoli. In più la sua rinuncia a trasferirsi a Parigi per accettare una modesta pensione dai marchesi Barolo era stata criticata anche da alcuni suoi cari amici come il padre filippino Gian Gioseffo Boglino e in più a me resta il sospetto che Pellico questa decisione l'abbia presa in parte per l'ammirazione che provava nei confronti della marchesa Di Barolo, ma soprattutto per far contenti i suoi anziani genitori che non volevano si allontanasse da Torino.

[54] *Alla Signora / Quirina Magiotti / nata Mocenni / Firenze*
Autografo nella Biblioteca Marucelliana di Firenze (Manoscritti D36). Pubblicata in S. PELLICO, *Lettere alla donna gentile*, cit. , pp. 129-131

Ottima Quirina.

Hai tu cominciato l'anno siccome te l'auguro, senza malattie e senza afflizioni, ed anzi sana e contenta? Io non posso dolermi della salute; mi si è alquanto rinforzata, e non bramo di più per conto mio. sono fortunato pure di veder conservarsi benino quella de' miei buoni genitori. Temeva che patissero per la pena che il loro cuore ha sofferto, distaccandosi dal mio fratello Francesco, andato a farsi Gesuita. Ma, grazie al cielo, vi si sono rassegnati con animo, e dicono giustamente: "Ognuno ha la sua vocazione, e l'essenziale si è d'esser felici." A me la partenza di quel buon fratello è stata anche assai dolorosa. Egli era sacerdote, ma di que' sacerdoti che non s'appagano di studii leggeri né di superficiale carità. Ci amammo sempre molto, ed io che ho dieci anni più di lui gli era stato maestro nella sua prima adolescenza. Taluni, udendo che un Pellico s'era fatto Gesuita, credettero foss'io, lo dissero, la voce si sparse, e sino a Firenze fu ripetuto. Probabilmente sarà la bella invenzione venuta sino a te. Il mondo ha un morboso bisogno d'inventare, di congetturare, di ciarlare a dritto e a rovescio. Il miglior partito si è compatirlo, ridere, e guardarsi dal suo morbo. - Mentre gli uni mi sognano in convento, gli altri mi sognano disposto a nozze. L'anno scorso mi assegnavano per moglie M. lle Churchill, quest'anno me ne decretano un'altra. La povera razza umana quando non ha grandi interessi che l'agitino, se ne foggia dei piccoli, non importa quali. A proposito di quella buona M lle Churchill, ell'è andata a stabilirsi a Genova, clima migliore del Torinese. Qui pativa assai di melanconia. Non ho mai veduto creatura più industriosa in tormentar se medesima, sebbene fosse trattata con istima ed affezione da tutti quelli che la circondavano. Dio ci guardi da sì infelice tendenza! Il male non manca sulla terra, ma bisogna sopportarlo con forza d'animo, ed, allorché si può, con serenità. S'io non avessi adottato questa filosofia, sarei morto mille volte negli anni orribili della mia prigionia. Spero che questo sarà anche il pensar tuo e della nostra egregia Ernestina. Mandate a spasso ogni mestizia, alzatevi il mattino sorridendo, conservate tutto il dì il buonumore, ricevete senza turbamento quelle afflizioncelle che sono inevitabili, e consolatevi con l'amarvi ed amare tutto ciò che è buono e bello, e principalmente Iddio.

Tai sono a te ed a lei gli augurii affettuosissimi del vostro

Silvio Pellico

**32.**

Torino, 7 febbr. 35[55]

Ottima Quirina.

Le tue lettere, sorella cara, mi recano sempre piacere, e l'ultima tua v'aggiunge una buona speranza, relativa ad Ernestina. Godo che tu possa presagire la sua felicità con un compagno che sia degno di lei. Godrò anche maggiormente quando mi potrai scrivere, che il matrimonio decisamente si farà. Per te, che ami tanto quella buona figliuola, in cui so che trovansi uniti, oltre la bellezza, ingegno e cuore, dovrà essere gran contentezza il vederla affidata ad un uomo che quanto merita, sappia apprezzare le sue virtù.

Mi rallegro dunque per te come per lei. Una delle cose che al mondo più mi consolano, si è quando vedo accadere alcun che di fortunato a gentili anime, degne d'ogni stima. - Intanto vorrei che le faccende dell'amministrazione non ti dessero troppi fastidi. Ma tu hai eccellente testa, e superi da eroina tutte le difficoltà. Scartabelli archivii, stendi alberi genealogici, provi le relazioni d'ascendenza sino a remoti tempi, difendi i diritti di chi non è in grado di sostenerli. - brava Quirina! - E poi fattoria, scrittojo di fattore, pittura, lettura, ecc. Viva la donna forte! È gran fortuna il sapersi sempre occupare di cose or utili or piacevoli. Hai torto di dire: "Vita di donna, vita di poco sugo." Quando non si sprecano i giorni in ozio o stoltezze o malignità, v'è sugo, e bisogna ringraziare Dio.

Avevi benissimo conosciuta quella povera Churchill; è di quelle sventurate anime sempre titubanti su tutto. Non v'è cosa peggiore. Quella sì ch'è vita senza sugo!

Ho fatto vedere, pochi giorni sono, il mio prezioso orologio Alfieriano ad un Inglese, narrandogli da qual sorella diletta mi venisse, e dicendogli quale amicizia vi sia fra te e me, benché non ci siamo mai veduti. Gli mostrai anche il tuo ritratto, dicendogli per altro che so che non ti somiglia troppo. Giunse divotamente le mani, e sclamò con enfasi, guardandoti: "Oh angiolica, divaina, criciura!" non era perfetta Crusca, ma quell'impeto di sentimento mi piacque.

Ignoro il destino di S. Quintino; penso che sia sempre a Napoli.

Addio, amica. Sono il tuo aff. mo

Silvio Pellico

---

[55] *Alla Signora / Quirina Magiotti / nata Mocenni / Firenze*
Autografo nella Biblioteca Marucelliana di Firenze (Manoscritti D36). Pubblicata in S. PELLICO, *Lettere alla donna gentile*, cit. , pp. 131-132.

## 33.

[Torino, 25 febbraio 1835]⁵⁶

Carissima Quirina.

Nell'ultima tua mi davi del poltroncello, ma mentre mi scrivevi il dolce rimprovero, una mia lettera a te stava per via. Spero che l'avrai ricevuta. Ti ringrazio con tutta l'anima dell'amichevole tuo desiderio d'avermi qualche giorno a S. Leolino. Quanto lietamente ci volerei, per conoscere finalmente di persona un'ottima amica qual sei tu! Non m'è ancora cosa possibile, e davvero me ne duole. La buona Carlotta Marchionni è qui e sta bene. Andrò a vederla prima che finisca il carnevale, e le porterò i tuoi saluti. Ultimamente fece *Gismonda* e recitò a meraviglia. Questa tragedia piace straordinariamente. - Non ho dato cose nuove alle scene; è troppo difficile far buone tragedie in tempi di passioni politiche come i nostri. Par sempre che vi sieno allusioni, le revisioni sono severe, il pubblico impazzisce, l'autore s'inimica una parte o l'altra, e v'ha sempre gente arrabbiata, pronta a fischiare, siccome m'accadde al *Corradino*. Alla malora gli arrabbiati di tutte le fazioni! Ma pazienza! Bisogna prendere i tempi quai sono, e compatire, e serbar l'animo libero dalla influenza delle varie puerilità regnanti.

Evvi ora una specie di puerilità, ma innocente e che mi piace: ed è il raccorre autografi.

Se hai lettere di personaggi di qualche ragguardevole fama, delle quali tu possa privarti, dimmelo. Non te ne dimando del nostro povero Ugo, avendone già parecchie.

L'abate Gioseffo sta bene e ti saluta.

Non mi fai più cenno dell'ideato matrimonio per Ernestina. Compiesi? Lo bramo per sua e tua consolazione, ma badate che lo sposo sia d'indole buona.

Addio, sorella.

Silvio

⁵⁶ *Alla Signora / Quirina Magiotti / nata Mocenni / Firenze*
Autografo nella Biblioteca Marucelliana di Firenze (Manoscritti D36). Pubblicata in S. PELLICO, *Lettere alla donna gentile*, cit. , pp. 133-134.

# 34.

Torino, 12 aprile 35[57]

Cara e generosa Quirina, scusami se non t'ho ringraziato subito: il tempo m'è stato rubato da faccende. Tu m'hai fatto la più amabile delle offerte, circa gli autografi che possiedi; ma sappi, amica mia, che se vo cercando tai rarità, non è tanto per me quanto per soddisfare a brame altrui. Quindi non posso volere che tu rinunzi a scritti preziosi per me, giacché veramente per me non sarebbero. Ti sono grato del generoso pensiero, come s'io ne profittassi.

Il poema del Colombo mi piacerebbe assai s'io fossi in lena di farlo, ma non mi sento più vigore da tanto. Un tal poema non potrebbe più disegnarsi ora con quella semplicità omerica che in passato avrebbe avuto lode, e che richiedeva più fantasia che fedeltà di pitture storiche, più splendore drammatico che profondità di pensieri. Oggi e per l'avvenire, i poemi lunghi, perché facciano alta impressione, bisogna che abbiano, oltre molti pregi di fantasia, un concetto sublime che si manifesti e si svolga con infiniti elementi non solo poetici, ma politici, filosofici, religiosi. Lavoro egregio, che la mia mente vede e capisce, ma che forse non saprei eseguire, per quanto studio vi ponessi. - la Rosellini ha merito, mi dicono, ma l'ammiro se non si spaventa dell'assunto. Godrei di cuore se riuscisse a far cosa ottima. - non credo punto che una donna, perché donna, non possa avere un ingegno di tal potenza da fare uno dei più bei libri del mondo. La natura è così varia: le teste femminili possono essere di tanti diversi gradi di forza e di senno! Niente meno che le maschili.

Credo poi che un ingegno potentissimo in testa femminile opererebbe meraviglie da ingelosire la maschile superbia, se le circostanze concorressero a svilupparlo. Ma il più delle volte la donna è necessitata ad occuparsi più d'affezioni e di virtù che di libri. Non ci perde nulla al cambio, ma di rado può spingersi ad altissima celebrità.

Contentatevi, o donne; ché anche senza tanta celebrità, voi siete pur sempre ciò che la terra ha di più nobile e di generoso. I maschi son sempre una gente selvaggia che voi solo dirozzate e guidate ad intenti belli.

---

[57] *Alla Signora / Quirina Magiotti / nata Mocenni / Firenze*
Autografo nella Biblioteca Marucelliana di Firenze (Manoscritti D36).
Pubblicata in S. PELLICO, *Lettere alla donna gentile*, cit., pp. 134-136.

Addio. fo con tutta l'anima voti per la felicità d'Ernestina e per la contentezza che tu devi provarne.

Credimi il tuo affez. <sup>mo</sup> e riconoscentissimo

Silvio

## 35.

Torino, 1° agosto 35[58]

Carissima Quirina.

No, non sei capace di vendetta, e ti sono grato d'avermi dato le tue nuove, tosto che le occupazioni ti lasciarono tregua. Giulio[59] m'ha promesso di scrivermi presto dall'Ungheria: duolmi che abbia a stare così lontano da noi, e ne duole pur molto a lui, sebbene la sua indole benevola e generosa faccialo poi simpatizzare con gente di quel paese: e gente dabbene ve n'è dappertutto.

Non mi sarà difficile il parlare vantaggiosamente del nostro povero Ugo, avendo io veduto nel suo animo virtù vere ed alte, quantunque miste, siccome avviene in tutti i mortali anche più degni, ad impeti d'impazienza ed a contraddizioni che l'altrui malignità interpretava ostilmente. Parlerò di lui con tutta schiettezza, e so che i più mi crederanno. Ma già fin da quest'ora non immaginarti che la sua fama sia stata oscurata da alcuno, malgrado le proposizioni inesatte e sfavorevoli con che venne mentovato. Il pubblico non può molto ingannarsi sul conto d'un uomo, la cui vita fu improntata di nobile alterezza. Simili mortali non possono mai venir mirati con poca stima dalla generalità. Si dirà: "Doveva essere talvolta un po' bizzarro.", "l'ira poteva talvolta molto in lui." Ma non perciò porgerassi fede a chi vuole deprimerlo. Increscemi certo che Monti scrivesse da furente contro Ugo, ma e chi ignora quanto Monti travedesse nelle sue rabbie? Chi presta credenza ad accusazioni che prorompono da una penna adirata?

Nella inimicizia di que' due grandi poeti, pur troppo vi furono torti reciproci, e quindi a vicenda uno esagerò le colpe dell'altro, e mossero da lievi offese ad offese velenosissime. Ma quelli sono i soliti frutti delle

---

[58] *Alla Signora / Quirina Magiotti / nata Mocenni / Firenze*
Autografo nella Biblioteca Marucelliana di Firenze (Manoscritti D36). Pubblicata in S. PELLICO, *Lettere alla donna gentile*, cit. , pp. 136-138.
[59] Giulio Foscolo.

scissure ed i posteri non se ne scandalezzano sommamente. I posteri guardano i fatti. E dai fatti risulterà sempre, circa Foscolo e Monti, che il primo ebbe assai più elevato animo del secondo. Ma ben dici, essere turpe irreverenza di coloro che tutto stampano. Ogni cuore onesto ne freme; e tuttavia quella calamità essendo inevitabile, quando non v'è una mano pietosa che distrugga gli scritti degni di fuoco, ci vuol pazienza.

Addio, amica. cinque anni fa come oggi, sono uscito di carcere. Egli è un gran giorno per me! quanto se ne sarebbe rallegrato Ugo, se fosse stato ancora fra i vivi!

Abbiamo in Piemonte un cattivo ospite: il Cholera-morbus. Da Nizza è saltato al di qua de' monti, ed è nella città di Cuneo. Molti già fuggono: il mio dovere è di restar qui. Sarà quel che Dio vorrà.

Saluta Ernesta e conservatevi sane.

Il tuo Silvio

*Silvio Pellico in un ritratto del 1842.*

**36.**

Torino, 9 sett. 35[60]

Ottima Quirina.

---

[60] *Alla Signora / Quirina Magiotti / nata Mocenni / Firenze*
Autografo nella Biblioteca Marucelliana di Firenze (Manoscritti D36).
Pubblicata in S. PELLICO, *Lettere alla donna gentile*, cit., pp. 138-140.

Le carissime tue nuove m'hanno consolato, e dalle tue espressioni vedo, che hai, siccome io ben mi pensava, quell'animo forte ch'è il maggior de' preservativi contro il morbo. Spero che sfogandosi questo sull'infelice Livorno, non avrà più tanta potenza da nuocere molto a Firenze. Conserva quanto puoi la tua calma. Egli è un fatto dimostrato che le persone che s'armano di coraggio, mantengono i nervi in quello stato che basta per restare invulnerabili al mal'influsso. Non già ch'io creda esser possibile l'indifferenza. Il temere un danno è troppo naturale, ma dobbiamo por modo al timore, e mescolarlo a centuplice dose di buoni raziocinii contro l'inquietudine. Il coraggio non è apatia, ma tal forza che superi le moleste voci di timore che pur ci vanno tentando. Per me spero che questa forza non mi mancherà, e ringrazio il Cielo di non esser fra quegli sventurati che perdono la pace per paura di morire. Torino è sino ad ora, come voi, in condizione da non lagnarsi. Ad onta che la città di Cuneo e poi quella di Genova sieno state tremendamente infette, e Genova sialo ancora, e che da que' paesi ci sia venuto e ci venga un'infinità di gente e di roba, noi siamo leggerissimamente percossi dal flagello. E Siccome già l'incubazione del male è qui da tre settimane e questa diavoleria non si sviluppa con furore, i medici presumono che possa spegnersi lentamente senza maggior scoppio. Dio lo voglia! Ma i poveri medici sono al bujo come gli altri e parlano alla ventura. In Torino le menti si sono tranquillate, al vedersi prendere infiniti provvedimenti affinché gli opportuni soccorsi non manchino. E questo pericolo di comune calamità ha riunito molti animi di cittadini d'alta e non alta classe, datisi a gareggiare pel bene pubblico. Sono d'avviso che Dio non mandi sciagure se non per riaccendere sensi generosi dove torpivano. Allo zelo di carità si congiunge una schietta manifestazione di credenza nella Chiesa e di fede nelle preghiere. Tutto ciò è ottimo e rammargina chi sa quante piaghe morali! Sono qui avvenute restituzioni notevoli di danni pecuniarii.
Confidiamo nel Signore, ch'è sempre buon Padre e non isbaglia. Mi pare che tu faccia bene a star piuttosto in Firenze che in villa.
Addio, amica. Abbiti cura. Il coraggio non ti vieti d'usar tutte le ragionevoli precauzioni.
Non lasciarmi lungamente senza le tue care nuove, ed io ti darò le nostre.

Il tuo aff. mo Silvio

37.

Torino, 28 ottobre, 35[61]

58

Ottima Quirina.

I miei ritardi nello scriverti sono di rado pura pigrizia: troppo sovente le ore ed i giorni mi fuggono, rapiti da occupazioni. E quando a sera mi dico: "Neppure oggi non ho scritto a Quirina!" me ne rincresce, e fo un bel proponimento pel seguente corriere; ma ecco poi capitarmi nuove cagioni d'indugio. Tuttavia non volge dì, che la memoria delle tue virtù e della singolare tua bontà per me, non riparli caramente all'animo mio. E ben puoi immaginare quanto spesso l'oriuolo d'Alfieri mi ricordi pure l'amabile donatrice.

Non so se te l'abbia detto altre volte, ma sappi che nelle mie preci quotidiane, benché non sieno molte, io chieggo sempre ogni benedizione per l'amica d'Ugo e mia. E sappi, che sempre, insieme col tuo nome, congiungo allora quello d'Ugo, sentendomi bisogno di pregare per la cara anima sua, la quale ho presentimento di dovere un giorno rivedere nella vita immortale.

Troppo non mi spaventano le dottrine scettiche manifestate sovente da quell'amico: l'ho veduto in più circostanze attestare ossequio alla sublimità della religione, e l'ho udito gridare ch'egli aborriva i falsi Cristiani e non i buoni. E la Bibbia ch'era uno de' suoi libri favoriti, gli faceva sclamare, non esservi in alcuna umana scrittura tanto carattere di divinità. Il cuore mi dice che ne' dolori della morte, se non prima - Ugo ha cessato da' suoi tristi dubbi, e gli è sfavillata agli occhi della mente la luce di Dio, ed è quindi passato tra gli alti Spiriti:

*Cui d'eterna vittoria aperto è il regno .*

M'è dolcissimo pregare per lui, e sovviemni che quando a Milano era ammalato, ei diceva sorridendo al vecchio curato paralitico, suo padrone di casa ; "Se muoio non mi dimenticare nel tuo Memento, e se ti dicono che Dio non mi vuol più bene, non lo credere, perocché non ho mai maledetto altri che gl'ipocriti."

Non abbiamo, cara Quirina, rilevanti cose a dire del cholera torinese. Uccise poca gente, e gente indebolita quasi sempre da misero squallore di povertà o da stravizzi, e va uccidendo ancora, ma con moderazione. Or un caso, or due, ora il doppio al giorno; il che non mette paura. Ma per le campagne pur serpeggia, e non sappiamo fino a quando indugi a smorzarsi affatto. - Io fo il mio servizio all'Uffizio di Soccorso come Ispettore.

---

[61] *Alla Signora / Quirina Magiotti / nata Mocenni / Firenze*
Autografo nella Biblioteca Marucelliana di Firenze (Manoscritti D36). Pubblicata in S. PELLICO, *Lettere alla donna gentile*, cit., pp. 140-142.

Addio, gentile e virtuosa donna.
Salutami Ernestina.

Il tuo Silvio Pellico.


## 38.

Torino, 21 nov. 35[62]

Ottima Quirina.

Il cav. Carena[63] m'ha portato a nome tuo i due volumi delle scelte opere d'Ugo, ed io li ho baciati come dono carissimo tuo e come preziosi scritti di quello spirito generoso che gli uomini hanno troppo poco conosciuto e spesse volte troppo male giudicato. Ho subito divorato le lettere di lui, e m'hanno commosso profondamente; soprattutto quelle indiritte alla più degna delle sue amiche, donna d'animo veramente sublime! veramente capace d'apprezzare e compatire ed amare quel nobilissimo cuore! gli altri si sdegnavano de' difetti di lui, e si scagliavano a magnificarli, e da tai difetti prendevano occasione di negare le stimabili sue doti. I giusti occhi tuoi vedevano attraverso alle imperfezioni dell'uomo una forte e schietta ed amorevole indole, e fedelmente seguitavi ad amare ed onorare quella virtù. Iddio ti benedica di tanta pietà e di tanta giustizia! Ogni petto gentile ti sarà sempre grato, che tu sia stata così vero e dolce sostegno di quell'infelice magnanimo, per quanto ti è stato possibile. E ciò che più importa ancora, che il suffragio delle menti umane, nelle quali pur troppo v'è tanta leggerezza ed incoerenza! Tu n'avrai sicuramente rimerito da Dio, il quale giubila de' sentimenti buoni delle sue creature. - Preghiamo pace al caro Ugo; ma il cuore mi dice ch'egli è già in seno di Dio, in un'esistenza tutta intendimento ed amore e possanza, e ch'egli prega pace per noi, ed attrae a te particolarmente tutte le benedizioni.
Povero Ugo! Come gli è doluto ch'io non abbia potuto seguirlo in Inghilterra! Se tu avessi veduto, come, prima di partire da Milano, egli mi supplicava d'emigrare anch'io! Ei presagiva disgrazie per me, attesa la mia

---

[62] *Alla Signora / Quirina Magiotti / nata Mocenni / Firenze*
Autografo nella Biblioteca Marucelliana di Firenze (Manoscritti D36). Pubblicata in S. PELLICO, *Lettere alla donna gentile*, cit. , pp. 142-144.
[63] Giacinto Carena.

amicizia per lui e per altri che allora erano colpiti da sventura o da sospetto. S'io lo avessi in que' giorni ascoltato, o se avessi ceduto agl'inviti ch'ei mi fece dalla Svizzera, quanti orribili dolori avrei scansato! Non sarei invecchiato ne' ferri, non avrei perduto dieci anni! - Ma ciò ch'è avvenuto non può disfarsi. Pazienza! Tuttavia questi pensieri mi ritornano spesso, e gemo di non avere allora accompagnato Ugo, per non separarmi più da lui. forse egli sarebbe stato meno infelice, sapendo d'avere in me un cuore veramente suo!

Dimmi come, nelle lettere di lui a te, non vi sia alcun cenno delle non lievi persecuzioni suscitate al tempo della rappresentazione dell'*Ajace*, a segno che il viceré Beauharnais volle che Ugo si allontanasse per qualche mese da Milano. Quell'intimazione d'esiglio si volle tenere secreta, ma fu nondimeno un fatto. dimmi se tu hai avuto potenti ragioni per non parlarne, neppure a questi tempi, o se Ugo per risparmiare a te una maggiore afflizione non abbiati mai detto che gli fosse stata usata quell'indegna durezza. - Addio, amica e sorella carissima. Ti ringrazio con tutta l'anima e sono il tuo affez. mo

Silvio

39.

[Torino], 29 nov. 35[64]

Ottima Quirina.

Mentre mi scrivevi, annunciandomi d'aver rimesso per me a Carena i due volumi, io ti scriveva d'averli ricevuti, e ti diceva aver subito divorate le lettere tutte carissime del povero nostro Ugo.[65]

E ho poscia letto il resto, e sempre con mestizia e dolcezza, perché sono cose d'Ugo e sparse di vero bello. L'edizione non è cattiva, ma poteva e doveva essere più accurata. E giacché si pubblicavano pur cose non inedite, forse non si dovevano escludere l'*Ajace* e la *Ricciarda*, o per meglio dire nulla avrei escluso, fuorché l'*Ortis*, stante le centinaia di edizioni che dell'*Ortis* già si annoverano. - Ma pur così, dobbiamo far buon viso ai due

[64] *Alla Signora / Quirina Magiotti / nata Mocenni / Firenze*
Autografo nella Biblioteca Marucelliana di Firenze (Manoscritti D36). Pubblicata in S. PELLICO, *Lettere alla donna gentile*, cit., pp. 144-146.
[65] U. FOSCOLO, *Opere scelte di Ugo Foscolo: in gran parte inedite si in prosa che in verso con nuovi cenni biografici e note del professor* G. CALEFFI, [Firenze], Poligrafica fiesolana, 1835.

volumi, e non parmi che abbiano ad incontrare accanite censure. Ben prevedo che coloro i quali non hanno siccome noi amato Ugo e conosciuto quante doti pregevoli riscattassero i suoi difetti, non daranno la medesima importanza che diamo noi, a quegli scritti di esso che non sono principalissimi. Ma che vuoi farci? L'amico nostro pur è caro a tanti, e questi saranno grati del dono che lor si fa.

Circa il tuo timore che ti venga dato biasimo per quelle lettere d'Ugo, dalle quali appare con quanta strettezza ei fosse tuo, non v'ha dubbio che può esser presentimento di ciò che avverrà. Ma ora che ti sei determinata a simile pubblicazione, non v'è più altro partito che appagarti della tua coscienza e delle ragioni che t'hanno mossa a dare siffatte lettere. Tu per la brama d'onorare la memoria dell'amico, ti sei posta nel rischio di ricevere qualche indiscreto biasimo. Sarebbe vano il crucciarsene. Se poi mi domandi: "Le avresti pubblicate in vece mia?" ti dirò schiettamente che avrei molto esitato, e forse non avrei voluto farlo.

Insomma, checché si abbia a mormorare, tu hai tali meriti da non perdere punto, per ciò, la tua dignitosa calma. La tua riputazione è bella agli occhi di tutti, e nulla può sfregiarla. Fra i tanti che possono attestare a favore dell'eccellente tuo cuore, sono io, e niuno ardirà mai deprimerti in faccia a me.

Addio. Salutami Ernesta. Sta' sana, e preghiamo gli uni per gli altri.

## 40.

[Torino, 16 gennaio 1836][66]

Ottima Quirina.

Ho cominciato l'anno con afflizione, avendo la madre più del solito aggravata dai suoi acciacchi senili. Di nuovo ha migliorato da alcuni giorni, e, grazie al Cielo, sembra che pericolo vicino non vi sia. spero che dopo la stagione invernale riacquisterà alquanta forza, il freddo è un crudele nemico dei vecchi.

Altre cose m'afflissero pure, cioè il vedere una famiglia d'amici nel dolore per la morte d'una donna ch'era loro consolazione e gloria.

---

[66] *Alla Signora / Quirina Magiotti / nata Mocenni / Firenze*
Autografo nella Biblioteca Marucelliana di Firenze (Manoscritti D36). Pubblicata in S. PELLICO, *Lettere alla donna gentile*, cit. , pp. 146-147.

Così m'ha visitato questo benedetto anno venendo in venerdì, ed io che mi sforzo a burlarmi de' superstiziosi, incappo sempre a trovare una certa trista armonia tra i venerdì e la sventura. Nondimeno sono follie, e non voglio darvi retta. I tuoi buoni augurii mi porteranno felicità, ed io te ne ringrazio, e sebbene non te li abbia scritti con l'inchiostro, te li ho scritti col pensiero altrettanti ed altrettanti, così per te medesima, come per Ernestina, bramando particolarmente per questa un felicissimo matrimonio che abbellisca la sua e la tua esistenza. San Quintino è qui, e t'avrà scritto. Io non lo vedo mai, ma so che sta bene, e sempre esercita il suo colto ed amabile ingegno.

Le Opere Scelte di Foscolo qui sono state ricevute dagli uni con piacere, dagli altri con qualche indifferenza, ma da nessuno con malignità. Vedrai che sarà così nelle altre parti d'Italia. I più trovano le cose nuove pubblicate, meno notevoli troppo delle già note d'Ugo, e biasimano che non siasi dato a questa edizione il pregio di comprendere tutte le produzioni di esso.

Conserva la preziosa tua salute, da' per parte mia un amplesso ad Ernestina, e credimi tuo affezionatissimo

Silvio

Torino, 16 genn. 36

Federico CONFALONIERI    Teresa CONFALONIERI
dipinto di ignoto         CASATI
Torino, Museo nazionale

**41.**

[Torino, 2 maggio 1836][67]

Carissima Quirina.

E' vero, amica; il silenzio prolungato non è da approvarsi fra anime che si portano affetto e che hanno insieme dolcissime ricordanze comuni. Ed è tempo ch'io rompa questo silenzio e mi condanni. Nondimeno egli è fallo in cui ricado sempre con tutti, atteso il genere di vita a cui le vicende e l'indole mia m'hanno tratto.

Chi mi vede, mi reputa abbastanza socievole perché mi movo e parlo e ricevo coloro che vengono a me; ma dacché ho passato dieci anni in dolorosa solitudine, s'è radicato in me non so qual germe di solitudine che

---

[67] *Alla Signora / Quirina Magiotti / nata Mocenni / Firenze*
Autografo nella Biblioteca Maruccelliana di Firenze (Manoscritti D36).
Pubblicata in S. PELLICO, *Lettere alla donna gentile*, cit., pp. 148-150.

m'accompagna in mezzo alla gente. Ascolto gli altrui interessi ed esprimo qualche sentimento, ma il più delle volte mi par d'essere in una generazione che non m'appartiene più, tranne pochissime persone. Ho soli 47 anni, ma io sono vecchio di cento, e la stirpe che m'agita intorno, è tutta calda d'amori e d'odii che non so e non voglio dividere.

Sto mirando e udendo questa moltitudine d'agitati e non porto malevolenza ad alcuno, anzi li compatisco, e taluni mi sono come figliuoli cari, ma le grandi cure degli spiriti loro sono di rado in armonia con le mie cure. Temono ciò ch'io non temo, sperano ciò che non ispero, ambiscono ciò che non ambisco. Il torto non è né mio né di questa nuova generazione. Non v'è torto, ma semplicemente un fatto ch'io ravviso come fatto e del quale mi lagno. Io sono un risuscitato, a cui tutti i viventi fanno buon viso, ed io fo anche buon viso a loro, ma le abitudini loro e le mie hanno a vicenda un non so che di straniero.

Cosicché dopo esserci data reciproca udienza ogni giorno, resta sempre che ci siamo veduti e riveriti, ma non molto intesi. Ed allora le mie fantasie che poco si dilettano del presente, cercano con amore il passato. Il passato per me si compone di due secoli, fortemente impressi nella memoria, e furono la mia giovinezza - e gli anni di prigionia.

Penso molto, e più che non appare altrui, a que' periodi lontani. Vi penso anche allorché sto in società, e (strana cosa!) mentre inorridisco de' giorni che ho vissuto ne' massimi dolori, pur non posso allontanarli dalla mente, ed anzi mi nasce da quelle tristissime ricordanze una specie di vita interna che mi piace. E questa vita interna, questo sentirmi segregato dalla maggior parte degli uomini d'oggidì, questo rammemorare tanti amici miei che più non sono sulla terra, insomma questa mia *stranierità* di morto risuscitato - è una vita assai strana, poco lieta, e nondimeno poetica, sentita, sentitissima, e direi quasi buona, perché m'è diventata natura e mi sforza a religione, a preghiera, a fiducia in Dio e nella sapienza della Croce.

Se avessi potuto andare in Toscana, m'avresti udito esporre più chiaramente con le parole l'animo mio e lo stato necessario de' miei pensieri. Ma così per lettere come si fa? Or tu mi dirai che, se la stirpe novella non m'attrae, e le persone de' tempi andati sono più consone co' bisogni del mio cuore, tanto più dovrei scriverti spesso e lungamente, giacché appunto sei persona che al pari di me ha veduto altri tempi ed hai portato affetto ad amici miei.

Vero. - Ma vero è pure che questo modo mio d'esistere interno, manca di stimoli per la comunicazione de' pensieri. Ora un giorno ora l'altro voglio prendere la penna e mandarti un saluto, e lascio trascorrere questo e quel giorno, e poi mi rimprovero i soverchi indugi. Sono colpevole, ma non di dimenticanza, non di debole affezione.

Le mie occupazioni letterarie offrono anch'esse pochissima novità. Leggo, studio, e talvolta mi ripongo a comporre; ma senza più alcuna ambizione d'autore, senza voglia d'accrescere la mia fama. Avrei solamente pubblicato volentieri la mia storia di me medesimo, ed aveva creduto di poterla pubblicare. M'ingannai. I tempi non lo consentono, e ci vuol pazienza.

Tal è il tuo inamabile, ma sincero ammiratore ed amico Silvio, e tu perdonami e segui a volermi bene, ad onta de' miei torti.

Torino, 2 maggio 36

S. Pellico

I miei saluti ad Ernestina.

**42.**

[Torino, 27 novembre 1836][68]

Ottima Quirina.

Questo prezioso orologio d'Alfieri che mi sta lì dinanzi e mi parla sempre dell'amabile e generosa donatrice, mi viene spesso dicendo: - È pure un secolo che non abbiamo notizie di quella bellissim'anima.

Tu sai, Quirina, che i miei silenzi sono perdonabili, e più agevolmente m'userai indulgenza, se ti dico in quale stato sieno i miei nervi. Ho passato benino la state, ma da alcune settimane ho dolori di capo frequenti e talvolta atroci, principalmente di notte. Il che fa che non dormendo, rimango stanco e malaticcio tutto il dì anche allorquando il capo non mi duole. Sono sconcerti del sistema nervoso, pe' quali non v'è medicina che sappia far nulla. Dunque? Inquietarsi? Cercar rimedi che non esistono?- Oibò! - Non v'è altro che soffrire con quanta più pazienza si può.

La mia povera Madre che soffre dolori assai più gravi de' miei, mi dà un tale esempio di pazienza, che ben dovrei imparare ad imitarla. I miei incomodi sono penosi, ma non uccidono, e forse invecchierò egregiamente a questo modo, tanto più che la longevità è nella mia famiglia. Io vivo volentieri, ad onta de' miei malanni, parendomi che il solo vivere, pensare e

---

[68] *Alla Signora / Quirina Magiotti / nata Mocenni / Firenze*
Autografo nella Biblioteca Marucelliana di Firenze (Manoscritti D36). Pubblicata in S. PELLICO, *Lettere alla donna gentile*, cit., pp. 151-152.

amare sia pur un tantino di felicità. Nondimeno combatto spesso contro ilo demonio della mestizia che mi vorrebbe domare; ed io non voglio che mi domi.

Or dimmi tu, come hai vissuto a S. Leolino in questi bei mesi passati, e se tuttavia stai in quella dolce solitudine con la tua cara Ernestina, o se già abiti Firenze. Pochi giorni sono, ho incontrato il cav. San Quintino che da un anno io non aveva più veduto. Egli sta benone e ti saluta. Abbiamo al solito favellato di te, di te che ambi veneriamo, perché sì adorna d'ogni bontà.

Addio, gentile amica.

Salutami Ernestina.

Il tuo sempre memore ed affez. mo

Silvio

Torino, 27 nov. 36

## 43.

Torino, 3 marzo 37[69]

Ottima Quirina.

L'inverno m'ha fatto patire assai, e non solo non ho veduto né teatri, né divertimenti d'alcuna fatta, ma non ho veduto un raggio di contentezza umana. A frequenti dolori di capo e vertigini, mi si è aggiunta l'afflizione del patire altrui. La madre ha peggiorato molto di salute, ed il padre poco meno. La vecchiaja loro minaccia ogni giorno di rapirmeli, ed intanto cagiona loro gravi e pungenti infermità. Per fortuna conservano l'intelletto in un certo vigore, e traggono pazienza e coraggio dalla religione.

Io li ammiro, ma vivo in quella mestizia che tu puoi immaginare. Tuttavia la dissimulo quanto posso, a fine di non rattristare vieppiù que' poveri canuti che sono pieni d'amore per me e per gli altri figli. - In tale mio stato non si trova conforto neppure negli studii. Nondimeno sono stato sollecitato a pubblicare parecchie mie composizioni inedite, le quali formeranno due volumi. Si stanno stampando e quando usciranno alla luce (cioè fra due mesi circa) te ne manderò subito un esemplare. Il libraio Molini di Firenze al quale era stato parlato dal marchese Barolo d'assumere quella

---

[69] *Alla Signora / Quirina Magiotti / nata Mocenni / Firenze*
Autografo nella Biblioteca Marucelliana di Firenze (Manoscritti D36). Pubblicata in S. PELLICO, *Lettere alla donna gentile*, cit. , pp. 152-154.

pubblicazione non m'ha fatto offerte che mi convenissero, e mi torna più a conto di stampare qui. - Le cose ch'io mi sono ora deciso a dare ai torchi, sono soltanto una parte di quelle che avrei voluto pubblicare. Mi resteranno due altri volumi o tre di cantiche e tragedie che pubblicherò fra un anno o due se avrò vita, quando saranno tutte terminate e limate. - Per ora do al pubblico le cose che ho potuto condurre a fine, e sono sette cantiche e parecchie produzioni liriche.[70] Vedrai un tributo ch'io pago alla cara memoria del nostro Ugo, e spero che ne sarai contenta. - Dovrò poscia parlare di lui ancora nei volumii che più tardi darò alle stampe, i quali fra altre cose conterranno più cantiche, relative non a tempi lontani, ma al secolo presente. Una sarà: *Vittorio Alfieri*, l'altra *Giuseppe Parini*, l'altra *Ugo Foscolo*. Ma queste produzioni abbozzate in varii tempi esigono ancora assai lavoro; e la lena è poca. Ho d'uopo di salute e di pace. - Spesse volte mi sento svogliato d'ogni studio e getterai al foco tutte le mie carte. Altre volte l'amore delle lettere si ridesta in me, e ripiglio la penna. Crederesti tu che, sebbene io stia solitario, senza contendere con emuli in nessuna ambiziosa gara, tuttavia i nemici non mi mancano? - Non t'ho mai parlato d'una malignissima satira con la quale hanno voluto punirmi del troppo onore che tu, generosa Donna, m'hai fatto regalandomi il preziosissimo orologio d'Alfieri. - Ma io non curo troppo i morsi dell'invidia. Non mi difendo, non mi vanto. Se ho pochi meriti, pazienza. Tanto meglio per coloro che hanno più meriti di me. - Addio, buona e rara amica. Ti ringrazio della tua amorevole lettera. - Salutami la cara Ernestina.

Il tuo aff. [mo] Silvio

44.

Torino, 30 marzo 37[71]

Cara Quirina.
Dunque tu pure sei stata presa da questa regnante epidemia che non la perdona a nessuno. Sei tu almeno risanata davvero? Bada a non ricadere, abbiti molta cura. In Torino ogni casa ha i suoi malati: la casa mia è fra le

---

[70] S. PELLICO, *Poesie inedite*, Torino, Tipografia Chirio e Mina, 1837.
[71] *Alla Signora / Quirina Magiotti / nata Mocenni / Firenze*
Autografo nella Biblioteca Marucelliana di Firenze (Manoscritti D36). Pubblicata in S. PELLICO, *Lettere alla donna gentile*, cit. , pp. 155-156.

più disgraziate: ho infermi il padre, la madre, il fratello, e stento io medesimo a reggermi. Della tua salute m'è importato sempre assai, ma ora al doppio, sapendo che generosamente la esponi per mire di carità. Ti lodo, ma voglio che tu procacci di risanar bene e di conservarti. - Spero che codesta sala d'asilo per le femmine andrà egregiamente, avendone tu la gerenza, ma il buon esito dipende in grandissima parte dalla abilità e bontà delle maestre; fa' d'averle eccellenti, cioè animate da virtù religiosa. In Torino abbiamo la fortuna d'avere per tal uopo certe Suore che sono mirabili per la pazienza e per la dolcezza. Io ho la sorveglianza sulle due prime sale d'asilo che sono state stabilite a Torino, cioè una pe' maschi, l'altra per le femmine (ambe nel palazzo Barolo); - ma ciò non mi dà molta occupazione, tutto essendo già stato bene istituito dal march.e dalla march.a Barolo, e la cosa andando ora come un orologio, grazie alle suore che ivi fanno da maestre. La gran faccenda di questi ricoveri si è d'essere una tutela a bimbi poveri dai due anni ai sei. Ivi sono trattati con affezione materna ed esercitati a pregare, a leggere, a numerare, ad imparare il catechismo, ecc. non s'insegnano troppe cose, ma quanto basta per quell'età. Non si fanno loro studiare canzoncine, ma appena poche strofe divote a Gesù e Maria, che di tratto in tratto cantano per esilararsi e per dilatare i polmoni. Quelle strofe non sono opera mia, essendosi qui introdotte nelle sale d'asilo fin da principio, quand'io non v'era. Siffatti bambini non sono in età da farli cantare se non cose lievissime e proporzionate alle comune intelligenze infantili. Cantano a pieno coro e senza'arte, ma vanno facilmente a tempo com'è naturale a quasi tutte le creature umane.
La stampa de' miei due volumi progredisce benché lenta.
Addio, amica. Godo che i manoscritti del nostro povero Ugo non sieno naufragati.
Risana e poi sta' sana.
Salutami Ernestina.

Silvio Pellico

45.

[Torino, aprile 1837][72]

---

[72] *Alla Signora / Quirina Magiotti / nata Mocenni / Firenze*
Autografo nella Biblioteca Marucelliana di Firenze (Manoscritti D36).

Ottima amica.

Compiangimi, ho fatto una perdita grande, grandissima! È morta la mia povera Madre la settimana scorsa, addì 12 aprile. Non posso scriverti lungamente; ho l'anima straziata.

Ti chiedo qualche prece per mia madre, e te ne rimeriti Iddio!

Ti rimeriti pure delle sollecitudini sante che ti prendi pei bambini...

**46.**

Torino, 12 giugno 37[73]

Pubblicata in S. PELLICO, *Lettere alla donna gentile*, cit. , p. 157.

La frase si interrompe bruscamente perché la lettera è strappata.

[73] *Alla Signora / Quirina Magiotti / nata Mocenni / Firenze*

Autografo nella Biblioteca Marucelliana di Firenze (Manoscritti D36).

Pubblicata in S. PELLICO, *Lettere alla donna gentile*, cit. , pp. 157-158.

Carissima Quirina

La tua lettera di compianto e di conforto m'avea trovato in assai misera salute. Le giornate calde hanno rimesso alquanto in equilibrio i nervi del mio capo sì spesso dolente. Anche il padre era ammalato, e oggidì sta meglio. siane ringraziato il cielo. Quando v'è un po' di buona salute, l'animo si rialza più facilmente dalle afflizioni. - Il vostro libraio Piatti è incaricato di rimetterti per parte mia un esemplare de' due volumi di Poesie che ho pubblicati. Gradisci il tenue dono.

Parto per la campagna, ed in fretta ti saluto, e teco Ernestina.

Il tuo Silvio

## 47.

Torino, 3 sett. 1837[74]

Carissima Quirina.

Poiché i miei versi non ti siano spiaciuti, conviene che, malgrado i loro difetti, contengano alcun che di buono. Il tuo indulgente suffragio mi fa piacere. - Duolmi che tu abbia avuto lo spirito abbattuto per disgustose circostanze di persone che t'appartengono. Ma siamo in un mondo sì pieno d'imperfezioni e di guai! Bisogna compatire tutti, fare il meglio che si può, e non lasciarsi contristare né da vicende contrarie, né da malignità d'uomini. Così si tira avanti, e s'acquista qualche merito di rassegnazione e di forza d'animo. Intanto verrà giorno che passeremo ad un mondo migliore, e quelle cose che ci hanno afflitti quaggiù, ci sembreranno allora inezie. Questa è la predica che vo facendo continuamente a me stesso, a me che più d'ogn'altro son facile a contristarmi. Tu sei donna d'alto animo, bada a superare le contrarietà senza troppo addolorarti. A ciò ti giovi la religione. Ella sola è ricca di conforti veraci.

Salutami l'amabile Ernesta, e dille che laddove ho scritto di Foscolo e del suo infelice scetticismo, non solo ho detto in ciò cose note, ma ho tributato una giusta lode all'amico, rivelando l'amore ch'egli portava alla Bibbia, al Vangelo, ai sinceri Credenti e a tutte le speranze generose e sante. - Ma già tu hai fatto osservare tutto ciò a quella ingegnosa e buona fanciulla.

Addio, Quirina. Iddio scampi voi e noi dal Colera! Torino comincia ad avere qualche minaccia, ma finora sono casi dubbii e pochi. Non è

---

[74] *Alla Signora / Quirina Magiotti / nata Mocenni / Firenze*
Autografo nella Biblioteca Marucelliana di Firenze (Manoscritti D36). Pubblicata in S. PELLICO, *Lettere alla donna gentile*, cit. , pp. 158-159.

gravissimo a Genova, ma pur miete assai vite. Coraggio, pace e conformità ai decreti divini!

Il tuo aff. <sup>mo</sup> Silvio

**48.**

Torino, 18 dicembre 37[75]

Carissima Quirina.
La tua buona lettera del 17 sett. È stata finora qui innanzi a me fra le carte più care. Sono stato pigro al solito, ma non dimentico della tua dolce amicizia. M'hai detto di pregare per te; l'ho fatto, lo fo con tutta l'anima. Tu hai un cuore ardente di sensi nobili e caritatevoli, e ho presagio che il Signore ti colmi di grazie. Ti lagni d'avere lo spirito tepido, ma non ti posso credere; i fatti parlano a favor tuo. E appunto perché non sei contenta di te, come sono contenti gli spiriti leggeri, io scerno che progredisci più che non ti sembra nella retta via. Quando prego per te, non oblio mai il nostro povero Ugo. Ché, se non andò scevro d'errori d'intelletto e di debolezze, egli amò schiettamente la giustizia e la bontà e spesso si toglieva il pane di bocca per darlo agli infelici. - Pratichiamo con pace e senza vani timori la Religione, sopportiamo i dolori di questa passeggera vita, e Dio ci riceverà sicuramente nel suo seno. Egli ci ama più che non possiamo amarlo noi.
Addio. t'auguro ogni consolazione, e salute migliore della mia. I miei polmoni languono. Intanto vo campando una stagione dopo l'altra ad onta de' miei malucci. Addio. Condividi i miei auguri coll'amabile Ernestina, e siatemi sempre ambedue buone sorelle.

Silvio vostro.

**49.**

[Torino, 8 marzo 1838][76]

---

[75] *Alla Signora / Quirina Magiotti / nata Mocenni / Firenze*
Autografo nella Biblioteca Marucelliana di Firenze (Manoscritti D36). Pubblicata in S. PELLICO, *Lettere alla donna gentile*, cit. , pp. 159-160.
[76] *Alla Signora / Quirina Magiotti / nata Mocenni / Firenze*
Autografo nella Biblioteca Marucelliana di Firenze (Manoscritti D36). Pubblicata in S. PELLICO, *Lettere alla donna gentile*, cit. , pp. 161-162.

Carissima Quirina.

I rigori del verno cominciano appena a cessare in queste nostre vicinanze dell'Alpi; finch'essi han durato, la mia salute è stata misera assai. Or già respiro di nuovo per più ore della giornata, e soltanto verso sera mi ripiglia la solita oppressione, ma con meno forza. Spero che tu avrai passato meglio di me quell'orrenda stagione, - che poi nel vostro clima non è mai così orrenda come da noi. Queste mie non gravi, ma penose infermità mi obbligano a scriver poco, a studiar poco, a far poche visite, a far poche ciarle, e davvero non è una vita molto allegra. Ma che farci? Procuro tuttavia di non essere malinconico; l'arrabbiarsi non serve a nulla, e la rassegnazione è un dovere il cui adempimento ha pur qualche dolcezza.

Mentre i miei giorni sono così inutili, tu sempre operosa in cose ottime, avrai trovato il tempo breve. Vorrei che i dispiaceri che ti molestavano si fossero sgombrati con piena tua soddisfazione.

Or sei tu a S. Leolino o a Firenze? - La lettera che avevi rimessa alla Carlotta mi fu da lei consegnata. Ho veduto questa buona amica una volta sola in tutto l'inverno. - Ti ringrazio delle notizie che mi dai di Giulio Foscolo. Duolmi che stia poco bene. Poveretto! Vorrei, potesse ritornare in Italia. Se per avventura gli scrivi, salutalo tanto per me.

Conservami la tua cara e gentile amicizia.

Addio, sta' bene. - Salutami Ernesta.

Il tuo aff. mo amico Silvio

Torino, 8 marzo 38

## 50.

Torino, 19 marzo 38[77]

Ottima Quirina.

E' cosa giusta che mi chiediate informazione di quel giovane Trucchi, ma null'altro posso dirvi, se che, venuto egli a Torino da Nizza, sua città nativa, capitò un giorno a casa mia per desiderio di conoscermi, e mi parlò con entusiasmo dei miei libri, delle mie disgrazie, della letteratura, della morale.

[77] *Alla Signora / Quirina Magiotti / nata Mocenni / Firenze*
Autografo nella Biblioteca Marucelliana di Firenze (Manoscritti D36). Pubblicata in S. PELLICO, *Lettere alla donna gentile*, cit. , pp. 162-163.

Vedendo io ne' suoi sentimenti una sovrabbondanza di calore che può accecare i suoi giudizii, gli ho schiettamente predicato moderazione e senno. Venne egli poscia due o tre altre volte a vedermi con un altro giovane Nizzardo ch'è il suo Pilade, per nome Guigoni, e il sentire di ambidue mi parve uguale, cioè diretto alla virtù, ma con pericolosa esagerazione. Ho rinnovato le mie prediche, ma non so se con profitto. L'ultima volta ch'io vidi Trucchi, mi disse che andava a Firenze e chiesemi qualche lettera. Risposi ch'io non poteva dargli alcuna lettera, e gli feci tal negativa, perch'io nol conosco bastantemente per raccomandarlo. Bensì soggiunsi avere io in voi un'amica che non ho mai avuto la fortuna di vedere, ma che venero assai, e che s'egli a Firenze v'incontrava per qualche occasione, vi desse buone nuove di me.

Ecco tutto. Fate ch'ei temperi il bollore dell'anima sua. Quelle indoli così ardenti riescono talvolta egregie, ma pur troppo rischiano d'essere ludibrio delle loro false immaginazioni.

Duolmi, cara Quirina, che tu abbia passato un inverno molto tristo. Spero che la stagione in cui entriamo sarà più felice per voi - e altresì per me. addio, anima gentile. I miei saluti ad Ernesta. - Dite a Trucchi che non metta in non cale ciò che gli ho detto per disingannarlo de' giovenili suoi sogni, e che lo prego di far onore al nostro paese col porre in ottimo accordo la fantasia e la saviezza.

Il vostro Silvio

*La marchesa Giulia Falletti Di Barolo.*

74

## 51.

[Vigna Barolo, 11 giugno 1838][78]

Ottima Quirina.

Benché in salute non buona, e pur troppo mesto per una grave disgrazia nella nostra famiglia, qual si è la morte del Padre, - tuttavia ho accolto come notizia carissima l'annunzio che mi dai del matrimonio della tua Ernestina. Le pregevoli qualità d'animo che mi dipingi nello Sposo, e con esse la sua agiata fortuna, sono condizioni eccellenti. Iddio benedica lui, la sua amata compagna, i loro futuri figliuoli, e te che sarai la soave Regina di quel popoletto bello, buono e felice! Quanto sento la contentezza che devi provare nel veder collocata degnamente quell'amabile nipote a cui ti sei fatta sì generosa e tenera Madre! Ah possa tal contentezza serbarsi in te inalterabile per tutti que' lunghi anni che t'auguro di vita!

Gradisci e fa' gradire da Ernestina le mie sincere congratulazioni, e voi in mezzo alle vostre dolci allegrezze, date nondimeno qualche compianto al vostro amico infelice, a cui la perdita del migliore de' Padri è stato un colpo tremendo. Nella precedente primavera, erami morta la Madre; e appena scorso un anno, il Padre la seguì! - So che a tutte le perdite dobbiamo rassegnarci; so che la morte de' buoni non è per essi sventura, ma divino premio, so che in ogni evento dobbiamo benedire il Signore. So tutto ciò, ma sono mesto e debole. -

Addio. Conservami la tua cara amicizia. Dì agli Sposi che li benedico di tutto cuore, come figliuoli.

Silvio Pellico

Dalla collina, 11 giugno 38

## 52.

[Torino, 29 settembre 1838][79]

---

[78] *Alla Signora / Quirina Magiotti / nata Mocenni / Firenze*
Autografo nella Biblioteca Marucelliana di Firenze (Manoscritti D36).
Pubblicata in S. PELLICO, *Lettere alla donna gentile*, cit. , pp. 164-165.
[79] *Alla Signora / Quirina Magiotti / nata Mocenni / Firenze*
Autografo nella Biblioteca Marucelliana di Firenze (Manoscritti D36).

Ottima Quirina.

La vostra amichevole lettera mi giunge cara. Vedo che la gentile Ernestina è felice nel suo nuovo stato e che voi, eccellente madre qual siete, gioite della sua felicità. Possiate ambe, insieme collo sposo, godere contentezza durevole, senza mescolanza di gravi affanni! - A me, pur troppo, gli affanni non lasciano lunga pace. ho perduto di recente un amico dilettissimo e di grande virtù nel marchese di Barolo. Questo colpo m'ha straziato l'animo, e se ne risente la mia salute.

Non ho ricevuto alcuna lettera della Rosellini, ma bensì la sua tragedia de' Pargi che davvero le fa onore. Le ho scritto jer l'altro ringraziandola del dono e congratulandomi sinceramente.

La tua opinione sulle tragedie di Niccolini mi par giusta. In generale non sono i suoi interlocutori che parlano quanto esso. Ciononostante le bellezze di pensiero e di stile sono vere bellezze ed egli ne ha molte; quindi l'entusiasmo ch'ei desta. Qui la fama dice, aver Niccolini nella sua ultima tragedia spiegato una potenza tragica più efficace che nelle precedenti. -

So che San Quintino è a Torino, ma non lo incontro mai, facendo egli vita piuttosto ritirata e io ritiratissima.

Conservatemi la vostra preziosa amicizia e credetemi vostro aff. mo

Silvio

Torino, 29 sett. 38

### 53.

Torino, 1 genn. 39[80]

Ottima Quirina.

Voglio cominciar l'anno con l'augurartelo felice e col ringraziarti dell'amorevole tua lettera del 17 dicembre. Io mi rimprovero spesso il mio silenzio, ma benché verso tutti i miei lontani amici io sia colpevole di tal pigrizia, pur non cesso di rammentar meco stesso le loro virtù e di bramar loro ogni bene. Assaissimo a voi particolarmente ne bramo, amica

---

Pubblicata in S. PELLICO, *Lettere alla donna gentile*, cit. , pp. 165-166.
[80] *Alla Signora / Quirina Magiotti / nata Mocenni / Firenze*
Autografo nella Biblioteca Marucelliana di Firenze (Manoscritti D36).
Pubblicata in S. PELLICO, *Lettere alla donna gentile*, cit. , pp. 166-167.

gentilissima, che tanti diritti avete alla mia stima, e la cui bontà sì schietta e generosa ho sempre tanto ammirato fin dal principio della nostra conoscenza. Duolmi che un'Anima così eccellente abbia anche le sue afflizioni. Il matrimonio d'Ernestina è stato per un verso una felicità, ma per l'altro un aumento doloroso di solitudine. Lo capisco e vi compiango; il non più convivere con persona amata è una gran privazione di contentezza.

Io per motivi altri più crudeli, ho veduto sparire ad uno ad uno più oggetti ch'erano dolce parte della mia vita, e quindi so immaginare qual sia la vostra affettuosa pena di non aver più dinanzi agli occhi quella cara figliuola.

Chiedo al cielo di temperare siffatta pena con una perenne e sempre crescente soddisfazione relativamente a quel matrimonio.

Possiate sentire ognor più ch'Ernestina è fortunata, e gioire della sua pace e delle sue consolazioni! Spero che in breve sarà madre, e che giubilerete dell'allegrezza di lei. salutamela, e dite che questo è il grande augurio ch'io le fo: una maternità piena di dolcezze e scevra d'affanni, e tutte quante le grazie del Cielo.

Addio, ottima amica. La mia salute è disuguale al solito, ma non posso lagnarmi di questa prima parte dell'inverno. Il freddo non è ancora tremendo è abbiamo talora giornate tepide. La stagione incrudirà certo, ma non fa più tanta paura or che i dì si vanno allungando.

Addio, addio.

Il tuo aff. $^{mo}$ Silvio

## 54.

[Torino, 8 marzo 1839][81]

Ottima Quirina.

Per risponderti io aspettava sempre l'opuscolo del marito d'Ernestina, ma questo opuscolo non mi giunge; forse s'è smarrito. Digli che di nuovo me ne spedisca un esemplare e volentieri lo leggerò, e gliene dirò il mio parere. Io non sapeva punto la trista notizia che m'hai data della morte di Giulio Foscolo.

---

[81] *Alla Signora / Quirina Magiotti / nata Mocenni / Firenze*
Autografo nella Biblioteca Marucelliana di Firenze (Manoscritti D36). Pubblicata in S. PELLICO, *Lettere alla donna gentile*, cit. , pp. 168-169.

Ecco dunque un'altra anima buona mancata alla terra! Egli aveva il nobile cuore di Ugo e non l'ingegno di Ugo, ma pensieri più ordinati. Sia pace a quelle care due anime! Qual sarà ora la lor sorte, fuori di questo misero mondo? Mi conforta il pensare ad alcune lor virtù, e principalmente alla pietà che avevano degl'infelici. Iddio si sarà fatto sentire ad ambi, ed il loro ultimo sospiro sarà stato santo; ah sì! lo spero. Intanto io prego per essi di tutto cuore. il povero Giulio era piuttosto inclinato a sensi religiosi. Sai tu qualche particolarità della sua malattia, della sua morte, della assistenza che gli hanno usata? E' egli morto in Italia, o in Ungheria? - Dammi ragguaglio della tua salute, e dimmi se i tuoi giorni sono più sereni. Sai che te li desidero felici, o almeno con pene lievi, poiché l'andare esente da queste è impossibile quaggiù.

Salutami Ernestina e suo marito.

Il tuo aff. mo Silvio

Torino, 8 marzo 39

**55.**

[Torino, 12 marzo 1839][82]

Ottima amica.

Ricevo la vostra lettera del 9 e duolmi che la salute vostra, che mi è carissima, sia danneggiata dall'insonnia - tormento che da più anni m'è noto; e so quali pene fisiche e morali involva. Ma l'esperienza mi dimostra che si vive ad onta di que' patimenti. Povera Quirina! V'assicuro che vi compiango assai! Il mistero della Croce che tutti dobbiamo portare è terribile, ma la Religione ci dà la chiave di quel divino arcano, e ci ajuta. Coraggio!

Dite alla gentilissima Rosellini che ho letto le sue graziose commediole, da me acquistate in Torino. Non ho ricevuto niente mandatomi da lei.

Non m'accenni d'avere avuto la mia ultima lettera che ti scrissi, non sono molti giorni; nella quale ti pregava di dire al marito d'Ernestina, che gli sarò

---

[82] *Alla Signora / Quirina Magiotti / nata Mocenni / Firenze*
Autografo nella Biblioteca Marucelliana di Firenze (Manoscritti D36). Pubblicata in S. PELLICO, *Lettere alla donna gentile*, cit. , pp. 169-170.

sempre grato se mi spedisce un esemplare del suo opuscolo. Quello che tu m'avevi detto avermi esso mandato, non m'è arrivato mai.

M'incresce la malattia del Niccolini: speriamo che la buona stagione gli giovi.

Abbiti cura, e conserva i tuoi preziosi giorni. Tu sei disingannata delle illusioni di questa misera vita, e nutri desiderio della celeste pace. approvo di tutto cuore i tuoi sentimenti, ma intanto che Dio ti vuole sulla terra, vivi con animo sereno, e pronta a giungere tranquillamente fino ai cent'anni, se tale è il voler suo - siccome è augurio mio.

Silvio Pellico

Torino, 12 marzo 39

*Villa Trivulzio ad Omate, negli ultimi anni della sua vita Pellico si è riavvicinato ad un amore della sua giovinezza la contessa Cristina Archinto Trivulzio, ma ne parla poco nelle lettere e soprattutto con Quirina non scende mai (neppure nelle lettere precedenti all'arresto) nei particolari riguardo alle sue relazioni sentimentali.*

56.

Torino, 22 marzo 39[83]

Sig. Martelli gentilissimo.
Eravate già da me stimato assai, poiché la signora Quirina vi stimava a segno d'accogliervi per figlio, dandovi la sua Ernestina. Or vedo dal vostro scritto favoritomi, esser voi inoltre uomo studioso delle cose utili al vostro paese, e me ne rallegro. Vi rendo grazie del dono; ei mi porge ottimo indizio del vostro intelletto. Bravo! Coltivatevi, producete scritti lodevoli, e ponetevi sempre innanzi agli occhi il doppio scopo, di dir bene, e di far bene. L'ingegno abbonda in tutti i paesi, ma non così abbonda l'unione dell'ingegno colla bontà d'animo e colla virtù. - Vi ringrazio altresì della gentile benevolenza che m'attestate; ne sono debitore alla vostra Ernestina. - Rendetela felice; siate felici ambidue, e Dio vi conceda fra altre consolazioni quella d'aver presto un bimbo o una bimba nelle vostre braccia.
Sono grato al sig. Mayer[84] della cortese intenzione ch'egli ha di mandarmi un suo libro, allorché gli capiti un'occasione.
Vi abbraccio di cuore, e bacio in fronte Ernestina.

Silvio Pellico

Piacciavi di porgere le seguenti righe alla signora Quirina.

Ottima Quirina.
Lo scritto del sig. Martelli e la gentile sua lettera m'hanno fatto piacere. Vedo che ha mente colta ed è uomo buono; ne godo per lui, per Ernestina e per te. Per te, che fai benissimo a ritirarti alquanto dalla vita esterna per gioire tranquillamente degli affetti domestici e dell'amabile regno che hai e devi avere suoi cuori filiali. - Ti desidero ogni contentezza.
Ti ringrazio de' particolari che hai potuto darmi sul nostro povero Giulio.[85]
Salutami la Rosellini, di cui m'è giunta in questi giorni una lettera. Dille che non ho ancora veduto codesto conte Lazzi, né alcuna cosa da lei mandatami sui ricoveri infantili. Intanto me le professo obbligato.

---

[83]*Alla Signora / Quirina Magiotti / nata Mocenni / Firenze*
Autografo nella Biblioteca Marucelliana di Firenze (Manoscritti D36). Pubblicata in S. PELLICO, *Lettere alla donna gentile*, cit. , pp. 170-172.
[84] Enrico Mayer.
[85] Giulio Foscolo.

Silvio Pellico

57.

[Torino, 24 luglio 1839][86]

Ottima Quirina.
Sono stato alle Acque di St Vincent nelle nostre Alpi, e colà mi prese con forza straordinaria il mio affanno di petto con febbre, congestione di sangue ai polmoni, e quindi bisogno di medico e lancetta e mignatte. Migliorai un poco, ritornai a Torino con pelle ed ossa e tenaci dolori, e febbre; e poi eccomi risanato Dio sa come, con debolezza ed insonnia, e scarso fiato, ma insomma non ho più febbre. - Ti ringrazio del libro che m'avverti avermi spedito dall'infelice Ebrea. Dico infelice per varie ragioni, e fra altre perché qui ogni galantuomo riceverebbe un Turco, un Indiano, senza gran ribrezzo, ma la società non fa grazia agli Ebrei; e se quella giovane è ben educata, soffrirà dello stato di vilipendio in cui rimane il ghetto. Quando avrò il libro, andrò a fare visita alla portatrice. Tu mi dici: Se non vuoi saperne di lei, ecc. certo, non la frequenterò, ma non mancherò nemmeno al debito di civiltà, che è legge universale, a cui solo m'avviene di mancare quando milita per me la buona scusa del non potere. - Perdonami sempre lo stare in troppo lungo silenzio. Ell'è, come vuoi, malattia o pigrizia; tu, per fortuna, non hai idea della mia misera salute. Intanto accogli le mie tarde, ma sincere congratulazioni per la gravidanza d'Ernesta.
Porgile ad essa e a suo marito. Possa tu avere da quella cara figliuola il più bel bimbo o la più bella bimba della terra, che unisca agli altri pregi quello d'avere un cuore come il tuo, e di formare una delle tue più dolci consolazioni.
Mi chiedi dei miei lavori letterarii. Ho un'infinità d'abbozzi, in versi ed in prosa, ma niente di finito per ora.
Nell'antecedente tua lettera mi riferivi in qual tristo modo abbia Giulio chiuso i suoi giorni. Voglio sperare che sia stata pazzia. Vi penso con vivo dolore.

[86] *Alla Signora / Quirina Magiotti / nata Mocenni / Firenze*
Autografo nella Biblioteca Marucelliana di Firenze (Manoscritti D36). Pubblicata in S. PELLICO, *Lettere alla donna gentile*, cit. , pp. 172-173.

Addio. credimi, ancorché poco ti scriva, assai partecipe della felicità che trovi ne' tuoi figliuoli. Iddio conservi te a loro, e loro a te, e renda felicissimo il parto sospirato.

Silvio Pellico

Torino, 24 luglio 39

**58.**

[Torino, 6 agosto 1839][87]

Ottima Quirina.
Ier sera mi si recò un biglietto della sig. Olivetti che mi domandava quando potesse venire da me per consegnarmi il plico da te affidatole. Le risposi due righe di ringraziamento, soggiungendole esser mio dovere l'andare io stesso a ritirare quel plico dalle sue mani. Quest'oggi mi feci forza ad uscire di casa, tanto mi danno guerra i miei dolori, ma pur volli vincere la pigrizia, affinché non sembrasse a quella giovane ch'io ricalcitrassi a siffatta visita, e poco mi curassi di cortesia con gente della sua fatta. – L'ho trovata amabile, e mi mette compassione il vederla condannata ad una specie di deserto, mentre ella arde giovenilmente di socievolezza. Essa ed il marito m'hanno invitato ad esser dei loro amici; ed è impossibile ch'io li frequenti. –Ti prego di dare le unite due righe di ringraziamento al sig. Mayer. Già quel frammento di dramma erami noto. V'è buona volontà, ma nessuno [alto] pregio d'arte, e nessuna misura; tuttavia la benevolenza di que' giovani m'ispira assai gratitudine.
Dammi nuove tue e della cara maternità di Ernestina; come va la sua gravidanza? Faccio voti perché tutto proceda felicemente ed abbiate ogni consolazione. – Addio. Porgi i miei cordiali saluti a lei e a suo marito. Credimi sempre il tuo aff. mo

Silvio Pellico

Torino, 6 ag. 39

[87]*Alla Signora / Quirina Magiotti / nata Mocenni / Firenze*
Autografo nella Biblioteca Marucelliana di Firenze (Manoscritti D36). Pubblicata in S. PELLICO, *Lettere alla donna gentile*, cit. , pp. 174-175.

## 59.

[Torino, 6 novembre 1839][88]

Ottima Quirina.

Mille grazie della partecipazione fattami della tua gioja e della gioja de' tuoi figliuoli. Teco la condivido e con essi , e particolarissimamente con la madre del caro Diego Leone Quirino. – Il nome di Diego che costà ha perturbato la mente del buon prete, è usitato in questa parte nostra d'Italia, e tutti conosciamo un santo Diego (altrimenti Desiderio). Qui il popolo suole invocarlo come speciale impetratore di fausto successo nella dubbia fortuna, e quasi come genio de' buoni augurj. E' dunque un nome ben augurato e bello. Bello altresì è quello di Leone, e bellissimo quello ch'egli trae dall'eccellente nostra Quirina. Figlio d'Ernestina e figlio tuo, non può non riuscire amabile e virtuoso. Egli sarà la consolazione tua e de' suoi ottimi genitori. Porgi ad ambi loro le mie congratulazioni cordialissime. Tutto arrida alla cara puerpera, a suo Marito, ed a te, e fra gli altri beni possiate goder sempre buona salute. – Io, questo bene più non posso possederlo. Ma non voglio parlare de' miei mali: discorso inutile e nojoso. Il Signore mi dia pazienza e forza d'animo. – Non so se S. Quintino sia qui od altrove; da un secolo non l'ho più veduto.
Addio. Credetemi vostro affez.[mo] amico

Silvio Pellico

Torino, 6 nov. 39

## 60.

[Torino, 15 gennaio 1840][89]

Ottima Quirina.

[88] *Alla Signora / Quirina Magiotti / nata Mocenni / Firenze*
Autografo nella Biblioteca Marucelliana di Firenze (Manoscritti D36). Pubblicata in S. PELLICO, *Lettere alla donna gentile*, cit. , pp. 175-176.
[89]*Alla Signora / Quirina Magiotti / nata Mocenni / Firenze*
Autografo nella Biblioteca Marucelliana di Firenze (Manoscritti D36). Pubblicata in S. PELLICO, *Lettere alla donna gentile*, cit., pp. 176-177.

Sono più giorni che sempre mi propongo di rispondere alla lettera de' tuoi gentili e cari augurj, ed ognora ne sono stato distolto or da questa, or da quella cagione. Finalmente, a mia confusione, e nello stesso tempo, con mia gratitudine, ti vedo indirizzare due righe a mio fratello, a fine di toglierti d'inquietudine sul conto mio. or ti rispondo, sì per lui il quale ti saluta, sì per me che ti sono debitore d'infinite scuse. La salute mia è davvero meschina, ma pur non ha peggiorato, e gli anni miei si prolungheranno forse come quelli di tanti nojosi gemebondi che campano più degli altri. Sia pure così, ma a patto che parimente campino tutti quei buoni amici che mi restano ancora. Tu sei nel numero di tali anime predilette e quindi (sebbene io non te li abbia espressi) il mio cuore ha formato e forma augurii di prosperità per te, Quirina, e pe' tuoi cari figliuoli e nipotini presenti e futuri. - Tu mi chiedevi di S. Quintino. Mi dicono essere desso in Torino, ma nol vedo mai, tanto esco poco di casa, ed abitiamo in quartieri opposti. L'ultima volta che ci vedemmo fu incontrandoci per via, in novembre.

Ho rimorso d'essere stato causa, col mio soverchio silenzio, che stesti in pena. Ti ringrazio della dolce amicizia che apprezzo sommamente, ed imploro il tuo perdono. I miei saluti ad Ernesta e a suo marito, ed un bacio al bimbo vostro. Addio.

Il tuo aff. mo Silvio Pellico

Torino, 15 genn. 40

*Quirina in un ritratto realizzato probabilmente negli anni '40 dell'800.*

**61.**

Torino, 1 febbr. 40[90]

Ottima Quirina.
Tu mi rammemori nella tua buona lettera la cara epoca, or già sì lontana, in cui ebbe principio la nostra amicizia. Oh come ascrissi a una gran fortuna il conoscere l'anima tua generosa, e costantemente
*Di venerarti in me stesso n'esalto*

---

[90] *Alla Signora / Quirina Magiotti / nata Mocenni / Firenze*
Autografo nella Biblioteca Marucelliana di Firenze (Manoscritti D36).
Pubblicata in S. PELLICO, *Lettere alla donna gentile*, cit. , pp. 177-178

come dice Dante. Ed invero è così, sebbene il tuo amico Silvio sia tanto silenzioso, inutile, inamabile. Tale mi rendono questi miei continui patimenti, queste mancanze di respiro. Dolori non gravissimi, eppur di natura da annullare ogni attività.

Quando ripenso alla mia fervida gioventù, così studiosa, vaga di fama, agitata di belle speranze e sogni d'ogni genere, or sospiro, or sorrido nel mirarmi vecchio, stanco, bramoso di solitudine, incapace d'azione. Ma non è questa la volontà di Dio? - Sì. - Dunque è bene, e debbo esser contento di vegetare in questo misero mondo, finch'egli mi dica: Lascia le tue ossa alla tomba e vieni ad altra vita.

Addio, Quirina. Conserva il tuo dolce affetto di sorella a me, e vivi sana e felice. Saluta i figliuoli.

Il tuo Silvio.

**62.**

[Torino, 21 aprile 1840][91]

Ottima Quirina.

Ogni vostra lettera, lungi dall'essere un disturbo alla mia quiete, m'è dono carissimo, come pensiero d'Anima egregia, e mi desta amichevole riconoscenza. Sempre ripeto a me stesso: - Quanto è buona quella amica! - E allora volo in ispirito e ti rendo omaggio. Il che fo per altro, non solo ricevendo lettere, ma anche spesse volte senza ciò, non potendo volgere occhio al preziosissimo oriuolo d'Alfieri, ch'è la più cara delle mie ricchezze, senza benedire e ringraziare col cuore la gentile e generosa amica da cui lo tengo. Onde non mi giudicate dal mio silenzio.

Godo che viviate contenta nella vostra ritiratezza. Essa vi è abbellita dai dolci affetti di madre, e capisco il bastarvi quella felice coppia e l'angioletto loro e vostro. Gioia fino ad un certo segno il darsi a cure sociali per sollievo proprio ed altrui, ma finalmente viene alle anime non leggiere una savia preferenza per poche elette persone, e si lascia il mondo. Per quanto posso, fo lo stesso pur io, ma non mai tanto quanto vorrei, e porto una specie d'invidia a chi può vivere più ritirato di me. Ell'è tutt'altro che vita senza

---

[91] *Alla Signora / Quirina Magiotti / nata Mocenni / Firenze*
Autografo nella Biblioteca Marucelliana di Firenze (Manoscritti D36). Pubblicata in S. PELLICO, *Lettere alla donna gentile*, cit. , pp. 179-180.

sugo, quando la solitudine è popolata da affetti, da ricordanze, da religione. Ogni età ha le sue tendenze; in gioventù v'è brama di spandersi, d'abbracciare l'universo. Negli anni che seguono, si suole inclinare al ritiro, ad un porto, donde si contempla l'oceano, già abbastanza da noi solcato. Mi chiedete della mia salute. Affanni di petto, mali di nervi, ed altre miserie. Mi spuntano talvolta giorni comportevoli, e se non giorni interi, almeno ore di salute senza dolore. Gusto questo bene, cerco di patire con rassegnazione quando v'è da patire, e sto così vegetando in aspettativa tranquilla dell'ultima scena di questo divino e misterioso dramma, con molta fiducia nella Misericordia del nostro adorabile Creatore e Redentore.

Addio, gentile e buona amica. addio, figliuoli grandi e figliuolino che sei e sarai la loro consolazione. V'abbraccio tutti e quattro e v'auguro ogni bene.

Il vostro Silvio Pellico

Torino, 21 apr. 40

**63.**

Torino, 21 dic. 40[92]

Ottima Quirina.

Io ti vedo in mezzo alla tua famiglia come un Angiolo di tenerezza vegliando il bene di tutte quelle care persone grandi e pargolette che ti appartengono, ed il mio cuore augura a te ed a loro ogni contento. Ma dammi le tue nuove. Sei tu in buona salute come desidero? Prosperano i tuoi diletti figli? Di quante creaturine è già Madre l'Ernestina? Volete sempre voi tutti un po' di bene al vostro Silvio, benché sì di rado vi scriva? I miei [giorni] sono condannati a qualche patimento continuo, e non entro in particolari inutili su ciò. Guarirò de' miei mali quando Dio mi torrà dalla terra. Intanto sia egli benedetto d'ogni cosa; chè se m'ha imposto alcuni dolori di più specie, ei m'ha pur dato in tutto il corso della vita assai consolazioni. Uniamoci a lui, Quirina, e figliuoli cari. Amiamolo sempre e come Perfezione infinita, e come Redentore e Modello degli uomini.

---

[92] *Alla Signora / Quirina Magiotti / nata Mocenni / Firenze*
Autografo nella Biblioteca Marucelliana di Firenze (Manoscritti D36). Pubblicata in S. PELLICO, *Lettere alla donna gentile*, cit. , pp. 180-181.

Troviamoci insieme in ispirito al suo presepio. - V'abbraccio tutti cordialmente. - Pregate per me.

Silvio Pellico

**64.**

[Torino, 23 maggio 1841][93]

Mia ottima Quirina.

Da più giorni la gentile Carlotta mi fece tenere la tua lettera del 26 aprile. Al tuo amichevole rimprovero, ma non giusto, che io a te non mai scriva se non *cercato e seccato*, posso rispondere con sincerità, che ogni volta ch'io ricevo notizie di te invece d'esserne seccato, ne son lieto e riconoscentissimo. Ben t'è noto, o amica, ed è noto ad ognuno, ch'io scrivo di rado lettere, perché, sebbene senza febbre, sono davvero in tal salute da aver d'uopo di riposo. E lo scrivere scarso, è colpa non del mio cuore, ma de' nervi e del petto. Prosegui a tollerare colla tua dolce indulgenza, ma ti sovvenga che non mi potresti mai seccare. - Il *Visconti* di cui mi parli stava a Lodi, e solo m'accadde di vederlo due o tre volte. Or mi dicono ch'è morto più anni sono, del che però non ho certezza. Non era dei Visconti illustri per nascita, e nessuno de' viventi miei amici ha avuto relazione con lui. Quegli che molto lo conosceva, era il povero Montani, morto in Firenze; il quale era amico di Vieusseux. Forse il Vieusseux saprà se Visconti sia morto, o in qual luogo viva. Non so il nome di battesimo, né alcuna particolarità della sua vita, se non ch'era di sentire nobilissimo e che ajutava generosamente il nostro Ugo, benché egli stesso campasse in picciola fortuna.

Addio, Quirina. Se tu medesima fai pubblicare un nuovo volume delle cose postume d'Ugo, son certo che saranno buone.

Salutami i figli, i quali, spero, staranno bene.

Addio.

Ascensione, 41

il tuo aff. [mo] Silvio Pellico

---

[93] *Alla Signora / Quirina Magiotti / nata Mocenni / Firenze*
Autografo nella Biblioteca Marucelliana di Firenze (Manoscritti D36). Pubblicata in S. PELLICO, *Lettere alla donna gentile*, cit. , pp. 181-182

## 65.

[Torino, 18 luglio 1841]⁹⁴

Ottima Quirina
Di me, solite storie, ed è inutile ch'io ti narri le vicende del mio infermo
respirare. Ebbi giorni assai brutti nelle due ultime settimane, or di nuovo
risuscito. - Quanto sei stata buona di scrivermi lungamente delle tue cure
per la pubblicazione delle cose inedite del nostro Ugo! In tali pubblicazioni,
v'è, o può esservi, un bene reale per la letteratura, pel conoscimento di certi
fatti, ecc. Ti confesso peraltro che mentre sono propenso ad applaudire,
m'addolora anche il pensare quante volte si renda cattivo servizio agli
uomini di meritata fama, pubblicando lavori imperfetti e corrispondenze
epistolari dalle quali risultano motivi di biasimo, interpretazioni false e
profane, ecc., sicché i maligni alzano la voce, e dignità vuole che non si
risponda. Se farai dare al pubblico tanti frammenti postumi e lettere o simili,
il tuo senno diriga gli esecutori della scelta. Essi per lo più sono speculatori
e non altro, avidi di mettere insieme molte scritture per dare comunque
risalto all'impresa. Ma i giudizi degli uomini sono tanto diversi fra loro, e
forse io erro. Odo in questi giorni farsi festa da taluni ad un volume di
lettere del Botta, e a me pare che fosse maggior riverenza il non dare alle
stampe quelle espansioni innocenti, ma di sì poco valore, e talvolta basse.
Non parlo di certe impressioni ingiuste che derivano da frasi sfuggite in un
istante dispettoso. - Lo stesso Foscolo in una lettera che tu lasciavi
pubblicare ponendo la iniziale S..., diceva di me nelle sue perdonabili
inquietudini, *teme di scrivermi*. E Dio sa se il timore fu mai un elemento
della mia condotta verso gli amici.
A tali, o consimili inaspettati colpi, nulla si deve opporre, e la gente pensi
ciò che vuole. Por mente a giustificarsi, a recar prove, sarebbe peggio.
Or t'ho accennato questo, ma con tutta pace e non ne ho mai mosso
lagnanza con nessun altro. - Solo ti raccomando per l'amore che ambi
portiamo ad Ugo e alla sua riputazione, di badare attentamente a rendergli
vero onore nel pubblicare quel che ti resta di presentabile alle stampe.

---

⁹⁴ *Alla Signora / Quirina Magiotti / nata Mocenni / Firenze*
Autografo nella Biblioteca Marucelliana di Firenze (Manoscritti D36).
Pubblicata in S. PELLICO, *Lettere alla donna gentile*, cit. , pp. 183-184.

Tu conoscesti il mio povero Luigi e ti ringrazio di mentovarmelo. La sua morte mi straziò il cuore. Era più forte di me, ed io mi tenea tanto sicuro di premorire! Ma no; tutti i più dolci appoggi ad uno ad uno mi mancano. *Deus dedit, Deus abstulit, sit nomen Domini benedictum*! Ci vuol coraggio sino in fine, e gli amati nostri li rivedremo nella casa del nostro Padre. - Abbraccio i tuoi cari figliuoli. Addio, gentile ed ottima amica.

il tuo Silvio Pellico

Torino, 18 luglio 41

Vergata questa, mi sono arrivate le tue righe del 15. - Il Padre Minini sta bene, ed è tutto affaccendato in dare Esercizi. - Addio. Scusa per carità i miei ritardi.

*Silvio Pellico in una foto del 1852*
*emersa di recente sul mercato antiquario.*

**66.**

[Torino, 29 agosto 1841][95]

Ottima Quirina.

Dalla tua cara lettera del 20, vedo che a te recano sdegno al pari che a me certe insensatezze o bricconate d'alcuni editori d'opere postume. Or voglia il cielo che assennati ed onesti sieno i nuovi pubblicatori delle opere foscoliane.

Oh come il povero Ugo fremeva per le edizioni fatte da inverecondi! Ve ne furono anche ne' tempi addietro, ma oggidì la loro frequenza mette nausea. Ti dirò che a Milano conobbi il Montani[96] educatore in casa Dandolo, e poscia ritiratosi a vita studiosa e solinga. Le nostre abitazioni erano vicine, ei veniva qualche volta da me. all'epoca del *Conciliatore* si amicò più strettamente con la nostra società e scrisse anch'egli in quel giornale. La sua indole manifestavasi facilmente dolce ed amorevole e tutti gli eravamo affezionati. Ma d'altro mai non favellai con lui che di letteratura o de' nostri infelici sogni politici.

Nulla seppi della sua vita anteriore al tempo della nostra conoscenza, se non che egli era stato in non so qual convento; - ignoro se soltanto aspirante al sacerdozio, o se ivi fosse stato fino a dir messa. - Non mi pare che abbia avuto tali peripezie, né acquistata tale importanza letteraria o civile, da tessere di lui una lunga biografia. -

Abbraccia per me i tuoi cari figliuoli, e vivi lieta con essa. Preghiamo Dio a vicenda, e tu supplicalo di darmi pazienza ne' miei patimenti che non cessano, e talvolta sono gravi. Amica, io penso a te sovente. di te mi parla ognora questo preziosissimo orologio d'Alfieri.

Il tuo Silvio Pellico

Torino, 29 ag. 41

**67.**

[Torino, 28 dicembre 1841][97]

---

[95]*Alla Signora / Quirina Magiotti / nata Mocenni / Firenze*
Autografo nella Biblioteca Marucelliana di Firenze (Manoscritti D36).
Pubblicata in S. PELLICO, *Lettere alla donna gentile*, cit. , pp. 185-186.
[96] Giuseppe Montani.
[97] *Alla Signora / Quirina Magiotti / nata Mocenni / Firenze*
Autografo nella Biblioteca Marucelliana di Firenze (Manoscritti D36).

Ottima Quirina.
Come finisci l'anno? Come lo finiscono i tuoi cari figli? Dammi le tue, e, loro notizie. Io mi son detto più volte nel corso del 41 che non giungerei al suo termine, eppure eccomi sempre qui, ed eccomi pronto a varcare nel 42 e a trarre innanzi come Dio vorrà, portando i miei giornalieri malanni in quella miglior guisa che posso. Ciò che più peno a sopportare si è il non reggere a letture né scritture, le quali ognora mi tentano ed allettano, ma se non me ne astengo, ci patiscono e polmoni e stomaco e testa.
Dove sono gli anni, ch'io stava lunghe ore di fila sui libri, o scrivacchiando, con mio grande diletto? Se non che ogni età ha i suoi patimenti morali e fisici, e mi rassegno ad esser vecchio, senza brama alcuna di ricominciare; tanti furono i miei strazj d'animo, anche ne' più begli anni! - Iddio mi ajuterà a chiudere questa carriera sì travagliata, e spero mi darà vita più felice.
Intanto una parte de' miei conforti consiste nel prezzo in cui tengo l'amicizia degl'intelletti alti e gentili. Tu sei di questo numero; e spessissimo penso al tuo ingegno e alla tua bontà, gloriandomi della tua indulgente affezione.
Addio, donna eccellente. Ricordati del nome mio, quando stai a' piedi del Signore, ed ottieni forza d'animo e pace. - Salutami i figliuoli.

Il tuo Silvio Pellico.

28 dic. 41

**68.**

[Torino, 5 gennaio 1842][98]

Ottima Quirina.
A mezzo dicembre ricevetti la tua buona lettera in risposta all'ultima mia, ed ora mi giunge un'altra cara letterina d'amichevoli augurj. Sii benedetta della ricordanza che di me serbi. Le tue felici nuove e quelle de' tuoi figli

---

Pubblicata in S. PELLICO, *Lettere alla donna gentile*, cit. , pp. 186-187.
[98] *Alla Signora / Quirina Magiotti / nata Mocenni / Firenze*
Autografo nella Biblioteca Marucelliana di Firenze (Manoscritti D36).
Pubblicata in S. PELLICO, *Lettere alla donna gentile*, cit. , pp. 187-188.

mi rallegrano. Il Signore doni a tutti voi lunga e tranquilla vita, e forte pazienza in que' dolori che evitar non si possono; ma deh! questi sieno miti sempre, e molte le consolazioni!

Mi fanno qualche guerra i mali di capo. Quando ho tregua da essi, sono contento.

Addio, amica gentilissima. Non volge mai giorno ch'io, rendendo onore a questo orologio d'Alfieri, non onori dal fondo del cuore la donatrice, e non le preghi felicità.

Sono e sarò sempre il tuo aff. mo amico

Silvio Pellico

Torino, 5 genn. 42

**69.**

[Torino, 16 luglio 1842][99]

Ottima Quirina.

Parlami un poco di te e de' tuoi cari figli. Siete tutti, come spero, in buona salute, e contenti gli uni degli altri? Il vostro amico Silvio, benché stia in silenzio mesi e mesi, non cessa di ricordare e venerare la gentile e generosa Quirina. - L'orologio d'Alfieri mi dice ad ogni tratto il nome caro della donatrice. - Io passo il mio tempo or fra libri, or ammalando, poi risanando, poi ammalando ancora; ed il peggio delle mie infermità, si è quando i libri mi diventano cibo proibito.

Ho patito gravi dolori di capo e di petto; da qualche tempo sto meglio, e son lieto di questa tregua. La grazia che Dio mi fa di tali miglioramenti non è mai di lunga durata, ma intanto ne godo. E quando viene il patire, ho un'altra grazia, ch'è di non provare abbattimento di spirito, ma piuttosto una viva speranza nella bontà del Signore. - Nel dirti che amo i libri, e li assaporo quando posso, debbo soggiungere che pochi fra i moderni m'allettano, e volentieri converso coi grandi scrittori dei secoli andati; il che è una predilezione di vecchiaja. Oltre alle opere di letteratura profana e di filosofia, io gusto quelle religione, ch'io quasi non conosceva in gioventù. Oh quanto pascolo alla mente ed al cuore!

[99] *Alla Signora / Quirina Magiotti / nata Mocenni / Firenze*
Autografo nella Biblioteca Marucelliana di Firenze (Manoscritti D36). Pubblicata in S. PELLICO, *Lettere alla donna gentile*, cit. , pp. 188-189.

E che fo allorché non posso leggere? - Penso, rumino, prego, e trovo pur sempre motivi di consolazione e speranza e amore.

Addio, pregiatissima donna. Fra il molto bene che vai facendo, aggiungi quello di conservarmi la tua amicizia e di pregare per me.

Abbraccio i tuoi figli, bacio la mano a te e sono ilo tuo aff. mo

Silvio Pellico

## 70.

[Torino, 25 novembre 1842][100]

Ottima Quirina

Ho creduto che ogni cosa fosse finita per me in questo mondo; una malattia non lieve m'avea colto in villa nell'ottobre, e non subito m'indussi a badarvi.

Il male crebbe, venni a Torino, e mi fu forza obbedire al medico e lasciarmi indebolire da cavate di sangue. Erano necessarie ed a poco a poco son risuscitato sufficientemente. Stento a riacquistare le forze, ma vo libero affatto da febbre e la respirazione è meno affannosa. Mi pare che sarei morto volentieri, ma vivo anche volentieri finché piacerà a Dio.

Dammi le tue care notizie e quelle de' tuoi figli. Vi bramo tutti sani e benedetti da ogni contentezza.

Il tuo aff. mo Silvio Pellico

Torino, 25 nov. 42

[100] *Alla Signora / Quirina Magiotti / nata Mocenni / Firenze*
Autografo nella Biblioteca Marucelliana di Firenze (Manoscritti D36). Pubblicata in S. PELLICO, *Lettere alla donna gentile*, cit. pp. 188-189.

*La malinconia di Francesco Hayez,*
*un quadro realizzato in più varianti negli anni '40 dell'800*
*che simboleggiava l'Italia sottoposta al dominio straniero.*

## 71.

[Torino, 22 febbraio 1843][101]

Ottima Quirina

Appunto nel giorno anniversario della morte del mio buon fratello Luigi, m'è giunto l'annunzio tuo della perdita di tuo fratello. Ho unito di tutto cuore il mio dolore al tuo ed ho pregato per ambe quelle anime care. M'è noto, amica, lo strazio che cagionano tali colpi; e massimamente allorché non era verisimile che così presto accadessero. L'abitudine de' pensieri religiosi e forti ci fa ragionare giustamente sulla fugacità della vita, ma non toglie il sentire. Consoliamoci adorando il Signore e facendogli sacrifizio di queste felicità passeggere, nella speranza dei beni infiniti ch'ei ci offre oltre la tomba. Là ritroveremo i fratelli nostri e non li perderemo più.

---

[101] *Alla Signora / Quirina Magiotti / nata Mocenni / Firenze*
Autografo nella Biblioteca Marucelliana di Firenze (Manoscritti D36). Pubblicata in S. PELLICO, *Lettere alla donna gentile*, cit. , pp. 190-192.

La *Polinnia*[102], di cui mi parli, dicono essere composizione d'un giovine Spalla che conosco solo di vista. Benché vi sia un certo ingegno e m'abbia fatto qua è là sorridere, io non approvo il genere.

Vero è che la letteratura francese ci contamina spesso con produzioni immorali, ma vorrei che ce ne sdegnassimo seriamente ; e se taluno di noi prorompe in generose satire, vorrei che evitasse lo scherno personale. Il mettere in buffonesca scena uomini viventi, parmi abbia alcun che d'ignobile.

Inoltre le satire, quando esagerano i torti d'una nazione straniera, mancano, a parer mio, d'efficacia. Il *Misogallo* è opera d'un grande intelletto, eppure è cosa piccola, perché esagerata. Le nazioni straniere bisogna combatterle con le armi o con forti raziocinii, e non con vituperi. Eccoti i motivi del poco plauso che do alla *Polinnia*, ma concedo che v'è qualche pregio, da far almeno sperare che l'autore sia atto a produrre cose migliori.

Di salute sto al solito; dall'alba alla sera tollerabilmente, e non bene la notte. Pensa talvolta a me innanzi a Dio. Salutami i tuoi figli. Credimi sempre tuo sincero e riconoscentissimo amico.

Silvio Pellico

22 febbr. 1843

## 72.

[Torino, 4 gennaio 1844][103]

Ottima Quirina.

La tua lettera m'ha prevenuto; io voleva scriverti da assai giorni, e ritardai non volendo. I nostri animi sinceri si fanno auguri vicendoli, e pregano Dio l'un per altro davvero. Prendo parte, cara amica, alle afflizioni che t'hanno visitata e che tuttora ti straziano. Come va il bambino d'Ernestina? Poveri genitori se l'avessero perduto, se lo perdessero! Voglia il cielo che lo conserviate! Sebbene è pur vero che alla morte di fanciulli, il pensiero della loro eterna felicità è consolante.

---

[102]*Polinnia: tramonotragedia*, Torino, Tipografia Fratelli Castellazzo, 1843.
[103] *Alla Signora / Quirina Magiotti / nata Mocenni / Firenze*
Autografo nella Biblioteca Marucelliana di Firenze (Manoscritti D36). Pubblicata in S. PELLICO, *Lettere alla donna gentile*, cit. pp. , 192-193.

Salutami Ernestina e suo marito ed esprimi loro i miei sentimenti. - Amica, io patisco i soliti dolori di capo e di petto, e non so come sempre io rimanga sulla terra. Così vuole Iddio, e [sarà], spero, per lo meglio dell'anima mia. Ti ringrazio di non dimenticarmi nelle tue orazioni, e io prego per te, pe' tuoi figli, per ogni vostro caro.

Credimi costantemente tuo aff. mo amico

Silvio Pellico

Torino, 4 genn. 1844

## 73.

[Roma, 12 gennaio 1846][104]

Ottima Quirina

Avrai ricevuto la lettera mia di Roma, e tu frattanto mi scrivevi a Torino. Io ti diceva la mia venuta qua nel passato agosto, la malattia, anzi le due malattie. Ti diceva il contento che avrò al ritorno, di prendere la via di terra, e così finalmente vederti. Il mio respiro è sempre debole, ma sono senza febbre e vo alquanto migliorando. Da più giorni mi venne di Torino la lettera tua, ma non potei subito risponderti. Duolmi che tu abbia l'afflizione di vedere in poco buona salute il marito; speriamo che si rimetta. Prego Dio, come tu dici di conservarlo, benché per lui, poveretto, quel vivere senza mente, non sia un vantaggio. - Mio fratello non passò per Firenze, ma l'ebbi compagno al venire e non toccammo della vostra cara Toscana fuorché Livorno. Il suo Padre Generale lo chiamava a Roma per la via spedita di mare. Ei ritornò in Piemonte un mese fa imbarcandosi di nuovo. Io sto qui sino al maggio, poi verrò a Firenze. Sospiro quel giorno e godo pensando che, s'io vivo, spunterà. Forse, dopo fermatomi alquanto fra voi, ripartirò ancora per mare, e così abbreviando il tempo del viaggio, soffrirò meno. Poche ore di navigazione, le sopporto più facilmente che un viaggio lungo per terra. Quei crolli continui di carrozza mi rovinano il polmone. Ad altri è un moto giovevole, a me è nocivo. – Puoi figurarti quanto mi piacerebbe ora che sono in questa venerata città, il poter saziarmi l'intelletto, vedendo ogni

---

[104] *Alla Signora / Quirina Magiotti / nata Mocenni / Firenze*
Autografo nella Biblioteca Marucelliana di Firenze (Manoscritti D36). Pubblicata in S. PELLICO, *Lettere alla donna gentile*, cit. , pp. 193-195.

giorno, musei, antichità di tutti i generi, studii di artisti, ecc. Invece, debbo riputarmi fortunato, quando esco un pochino di casa e visito alcuna cosa. Mi vo così appagando a poco a poco , come può fare un infermo che mal respira. Credo d'averti scritto che ho potuto andare ai piedi del Santo Padre. La sua paterna bontà m'ha empiuto l'animo di dolcezza. Saprai ch'egli ha parlato con nobile forza, con istanza di padre, all'imperatore Niccolò, a favore de' poveri Cattolici. Fu ascoltato con rispetto, ma Dio sa, se ne risulterà qualche frutto!

E' inutile dirti quanto Roma mi piaccia, bench'io sì scarsamente visiti le sue infinite rarità. Tutto mi pasce altamente il pensiero. Mi fo spesso condurre all'una o all'altra di queste grandi basiliche, e soprattutto a S. Pietro.

S'io fossi venuto qui giovane, oh quanto avrei scritto! Ora il comporre non m'alletta, e più m'è dolce il meditare e tacere e mescere la preghiera alle ricordanze del cuore. – Addio. Raccomandami al Cielo. Vivi sana, tu ed i figli ed il marito. –

Silvio Pellico

Roma, 12 genn. 1846

## 74.

[Roma, 16 febbraio 1846][105]

Ottima Quirina.

Debbo esprimerti tanta gratitudine per tanta gentilezza ond'è piena la tua lettera. Ancor non so se in maggio o più tardi potremo ripartire, ma ad ogni modo questa volta farò il viaggio per la via di terra, e finalmente conoscerò Firenze e conoscerò la tua venerata persona dalla quale ho avuto sì particolari prove d'amicizia. La marchesa di Barolo, di cui sono da più anni ospite, è venuta a Roma in settembre (io l'avea preceduta d'un mese) ed ha qui un affare relativo ad istituti religiosi da lei fondati. Quest'affare ha già conseguito parte del desiderato successo, ma non è compiuto aspettiamo la fine per ripartire. Abbiamo anche d'uopo che le nostre debolissime sanità si rinforzino alquanto. Io sono fuori del letto, ma povero di respiro. La

---

[105] *Alla Signora / Quirina Magiotti / nata Mocenni / Firenze*
Autografo nella Biblioteca Marucelliana di Firenze (Manoscritti D36). Pubblicata in S. PELLICO, *Lettere alla donna gentile*, cit. , pp. 195-196.

primavera s'avvicina, [oso] sperare abbia ad essermi favorevole. I mali miei non mi lasciano molto girare per Roma, vedo quel ch'io posso un giorno or l'altro. E m'assoggetto con rincrescimento a questa vita di vecchio infermiccio. Ma pure assai godo di quel che vo visitando, e Roma piacemi sommamente. Talora amo di volgere nell'animo mio l'ipotesi ch'io possa ritornare altri inverni in questi paesi, e passare parte del tempo in Toscana; scaccio dal pensiero le difficoltà e quell'immaginazione mi sorride.

La buona notizia del risanamento di tuo marito m'ha consolato. Dio allontani da te ogni afflizione e conservi te ed i tuoi cari in salute. – M'è giunto da Genova il libro di mio fratello sui Gesuiti; il mio sentimento consona sovra ogni punto, e deploro le cieche ire del nostro Gioberti. Lodo poi il linguaggio mite con che il fratello difende la sua Compagnia da quelle eloquenti, ma brutte ingiurie. Oh quanti guasti [ha] la causa dell'incivilimento [lodando] giudizi furibondi e abbandonandosi a sragionevole odio per avere accettato con credulità le voci de' maligni! Che farci? . Compatire, e non risponder nulla sarebbe forse il meglio. Se poi si stima di dover rispondere, bisogna farlo con quella pace ch'è indizio di vera forza e di vera carità. – Addio, amica. Salutami i nipoti.

Il tuo aff. Silvio

Roma, 16 febbr. 46

## 75.

[Torino, 12 maggio 1846][106]

Ottima Quirina.

Troppo brevi sono stati i momenti che ho passati presso di te, ma ringrazio il Cielo d'aver finalmente potuto vedere e udire così egregia donna, così generosa amica. Spiegar non ti saprei quanto io godo di non essere più incerto sui lineamenti e sull'espressione del tuo volto. No, il tuo ritratto non val niente e lo detesto; non mi dice nulla dell'anima tua. Il vero volto di Quirina è il contrario, è una manifestazione gentile d'anima sensitivissima

---

[106]*Alla Signora / Quirina Magiotti / nata Mocenni / Firenze*
Autografo nella Biblioteca Marucelliana di Firenze (Manoscritti D36). Pubblicata in S. PELLICO, *Lettere alla donna gentile*, cit. , pp. 197-198.

ed eccellente. La tua Ernestina mi dà ragione. - Godo pure assai d'aver veduto questa figliuola tua e suo marito e il caro Diego; tutto ciò che è parte amabile di te. Piacemi inoltre avere una idea della tua casa; delle persone che ti scrivono, che t'amano qual benefattrice e madre.

E quel degno vecchio ammalato che ha tante obbligazioni a te, che tanto benedice la sua padrona! Insomma ogni cosa attesta che sei buona, ed intimamente e costantemente buona, non per parrarir tale al mondo, ma perché ami Dio e il prossimo per indole, per virtù, per altezza di sentimento, non vantandoti di niente, non credendo mai d'aver fatto molto. Vi sono qua e là sulla terra tali donne, ma oh quanto rare! Ed egualmente rari sono gli uomini di generosa e semplice natura, sebbene in quasi tutti si vedano, se non fiamme, almeno faville di virtù. Consoliamoci del male considerandolo come esercizio di pazienza e come lezione, e preghiamo per tutti. La società umana è sempre ammalata, ed oggi l'infermità dominante mi sembra essere un vantarsi puerile ed una ridicola fiducia nelle ciarle; ogni mosca si crede guida del carro. Ed ove il carro s'abbia a condurre e dove mova, nol sanno.

Il nostro viaggio è stato felice. Ho fatto un bellissimo incontro a Genova. Arrivava in quel punto per mare mio fratello, venuto di Sardegna. Abbracciai il caro mostro, giacché si vuole che mostri sieno i gesuiti; passammo insieme un po' di tempo, indi venni a Torino ed egli partì per altri luoghi facendo l'annua visita delle Case e Collegi dello Stato.

Il viaggio m'ha dato molta stanchezza, e sono misero di respiro. Nondimeno sono ito a Chieri, città vicina, ad abbracciare la mia buona sorella. Or eccomi a Torino davvero, e mi riposo. Tante cose ad Ernestina, al sig. Martelli, al nostro Diego. - La signora marchesa di Barolo ha avuto molto piacere di fare la conoscenza tua e di voi tutti. Da buona fisionomista qual è, vi giudica eccellenti. Ti porgo i complimenti di essa, imprimo per conto mio un bacio fraterno sulla tua mano e sono il tuo Silvio Pellico.

## 76.

[Torino, 5 agosto 1846][107]

Ottima Quirina

---

[107] *Alla Signora / Quirina Magiotti / nata Mocenni / Firenze*
Autografo nella Biblioteca Marucelliana di Firenze (Manoscritti D36). Pubblicata in S. PELLICO, *Lettere alla donna gentile*, cit. , pp. 199-201.

Tu non hai fatto, cara amica, se non due supposizioni, o ch'io non avessi ricevuto la lettera tua, o ch'io fossi malato. Non fu così. Ebbi la lettera, era sano, e ti risposi. Eravamo in villa, convien dire che il servo o non pagasse l'affrancatura o perdesse la lettera mia. Vedo insomma che non l'hai ricevuta, e mi duole che tu abbia avuto motivo di sospettarmi più pigro che non sono. Siccome tu mi facevi una domanda, era naturale ch'io rispondessi con qualche premura. - *La Vita d'un Santo* che t'hanno incombensata di propormi, è opera che non posso assumere. Il tempo m'è preso da altre occupazioni, ed inoltre, per vero dire, questo genere di lavoro parrebbe soverchiamente arduo. Alcuni sanno far bene simili vite, io credo che non saprei. Di necessità sono panegirici, e facilmente sembrano troppo caldi al critico o troppo freddi al devoto. Onoro i Santi, ma confesso che poche volte la storia delle loro vite è fatta in guisa che m'appaghi. I Santi sono grand'uomini, ma di tale sfera che li direi alfierescamente non tragediabili, tranne pochissimi, e intendo dire anche non istoriabili. Nota che ho detto tranne pochissimi, ben riconoscendo alcune eccezioni. Forse il mio sentire ti sembra sproposito, ma tant'è; le lunghe vite dei santi mi scontentano, se rozze, e mi scontentano se lisciate dall'arte. Piacemi che i fatti de' Santi s'accennino con gravità sommamente laconica, siccome usa la Chiesa nel Breviario, ove c'è appena quel che basta per la cognizione sostanziale e per concludere che dobbiamo venerarli quai grandi amici di Dio e nostri.

Così io ti scriveva, gentile amica, - e ti parlava del buon vecchio che hai perduto, - e ti rammemorava i momenti che ho teco passati e l'Ernestina e il caro Martelli e il vostro Diego. - il mio pensiero va spesso a Firenze e vi rivedo tutti e quattro e benedico te e loro, e poi vedo la casa tua, il vecchio allora infermo, la moglie, i figliuoli. - Quanto bene hai operato ed operi intorno a te! - Dio ti conservi lunghi anni!

Or sono in città sino al fine d'agosto, poi tornerò sulla collina. Patisco la sera e la notte; respiro meglio di giorno. Non posso lagnarmi d'una salute non mai buona, ma che pur mi lascia vivere.

Abbi cura della tua, così preziosa per tanti.

il tuo Silvio Pellico

Torino, 5 ag. 46

77.

[Torino, 21 agosto 1846][108]

---

[108]*Alla Signora / Quirina Magiotti / nata Mocenni / Firenze*

Ottima Quirina

sebbene io pensi e speri che al tuo S. Leolino non abbiate avuto né danno né spavento, pur l'incertezza mi mette inquietudine. Fammi il piacere, cara amica, di darmi le nuove tue de' tuoi figli. Questi (se in Firenze) avranno avuto qualche momento di terrore. Vedo oggi dalle lettere di costà che vicino a Pisa, alcuni villaggi sono stati rovinati e pur troppo con molte vittime. Infinita gente da Pisa e da Livorno si sono dati alla fuga imbarcandosi se hanno potuto. Parecchie famiglie sono venute a Genova. - Sono ansioso di sapere che tu non abbia né patito né avuto a deplorare sventure o perdite di persone care. Il terremoto non s'è fatto sentire fin qui, ma cosa strana, correva tra la plebe da più d'un mese una pretesa profezia che Torino ed altre città doveano sobbissare alla metà d'agosto.

In aspettativa di qualche riga di tua mano e bramosissimo d'udire che tu ed i tuoi figli siete in buona salute, sono il tuo aff. mo

Silvio Pellico

Torino, 21 ag. 46

## 78.

[Torino, 2 settembre 1846][109]

Ottima Quirina

La tua lettera mi recò davvero consolazione, togliendomi a tuo riguardo dalle inquietudini che mi destavano codeste scosse di terremoto per la notizia pervenutaci di sì grandi danni. Ti ringrazio di tutto cuore, e sia lodato Dio che tu non ti sia trovata nelle parti che hanno avuto il disastro! Abbi cura della tua salute la quale duolmi sia tuttora deboluccia. Il caldo essendo cessato, spero acquisterai forze. Ardeva anche la nostra atmosfera, ed io stesso che sono amico del caldo, non ne poteva più. Or va piovendo e si respira; la campagna era morta e la vediamo con gioia rinverdire.

Autografo nella Biblioteca Marucelliana di Firenze (Manoscritti D36). Pubblicata in S. PELLICO, *Lettere alla donna gentile*, cit. , pp. 201-202.
[109] *Alla Signora / Quirina Magiotti Firenze*
Autografo nella Biblioteca Marucelliana di Firenze (Manoscritti D36). Pubblicata in S. PELLICO, *Lettere alla donna gentile*, cit. , pp. 202-203.

Ho aspettato a risponderti che mi fosse giunto il libro da te annunziatomi; l'ho ricevuto questa mane colla lettera del Cav. Silvestri. Scriverò a questo valentuomo. Più direttori di giornali, anche buoni, mi fanno l'onore di domandarmi articoli, ma per giusti motivi ho dovuto rispondere negativamente ad alcuni e ciò m'obbliga a non consentire a simili proposizioni d'altri, bench'io apprezzi le loro intenzioni ed il lor merito. Addio. Vi saluto tutti e do un bacio a Diego. La marchesa di Barolo vi rammemora con molta stima e si rallegra che non abbiate a che fare col terremoto. Parlo spesso di te con gente che non conosci; ed a qual proposito? A proposito dell'orologio d'Alfieri.
Vivi sana e colma di benedizioni

il tuo Silvio Pellico
2 sett. 46


## 79.


[Torino, 28 dicembre 1846][110]
Ottima Quirina
Ritorno spesso col pensiero alla tua bella Firenze, a te, gentilissima amica, a' figli tuoi, e vi vedo e v'ascolto, sperandovi ed immaginandovi tutti in buona salute. Dimmi se appunto siete quali il mio desiderio vi dipinge, prosperi e senza grandi tribolazioni. - Il freddo m'è nocivo, ma son fuori dal letto. Oltre l'avversa temperatura, mi sconcertano la salute gli avvenimenti dolorosi; e quest'anno ne ho avuti! Di recente ho perduto un amico a me carissimo, il conte Confalonieri, uno de' miei compagni di catene. (Pochi mesi prima, il povero Maroncelli, era morto a New-York, cieco e pazzo). Veniva Confalonieri di Parigi per restituirsi a Milano; la morte lo colse in Isvizzera. - Tutti sappiamo che piangere i morti non giova e che, se furono buoni, que' nostri cari avranno una seconda vita, migliore della prima, e ciò pur sapendo, la partenza loro ci affligge; quanto siam deboli! Ed è pur meglio esser tale. I freddi ragionatori non amano, e parmi che di siffatti la saviezza sia brutta e maledetta da Dio. - Per me ho sempre ascritto a grande fortuna il conoscere anime affettuose e schiette; di esse sole io fo stima. Ogni paese, ogni tempo ne produce. Non tengo in alcun pregio le altre,

[110] *Alla Signora / Quirina Magiotti Firenze*
Autografo nella Biblioteca Marucelliana di Firenze (Manoscritti D36). Pubblicata in S. PELLICO, *Lettere alla donna gentile*, cit. , pp. 203-204.

benché talvolta notevoli per altezza di parole e di superbia e da cotanti ammirate. - Addio, Quirina, abbimi presente innanzi al Signore. Io da lui ti prego ogni bene, ed egualmente ad Ernestina, al sig. Martelli, al vostro Diego, a tutti coloro che ti sono cari.

il tuo Silvio Pellico

Torino, 28 dic. 46

## 80.

[Torino, 9 marzo 1847][111]

Carissima Quirina

Io sperava che tu avessi passato meglio di me questa brutta stagione dell'inverno, ed oh! Quanto invece tu soffrivi! Vedo dalla tua lettera che ilo male è stato gravissimo. Un peggioramento così prolungato dee avere spaventato i tuoi poveri nipoti, e compiango te e loro sommamente. Ma ringraziamo Dio che ti ha restituito il respiro ed un po' di forza; egli ci manda ora la primavera che è stagione di vita. Il debole stomaco andrà ripigliando vigore. Se le mie preghiere avessero qualche credito in cielo, sarei felice di poter contribuire alla tua desideratissima guarigione. Non tralascerò di unirle a quelle d'Ernestina, di Carlo, di Diego; il Signore ci esaudirà, e noi vogliamo domandargli che ci esaudisca presto, perché t'amiamo assai assai, e cuori come il tuo ce ne sono pochi sulla terra. Mi pare di vederti, e mi fa pena ciò che hai sofferto, ciò che soffri ancora nella convalescenza.

Abbiti cura, e sii cauta ad evitare le ricadute. Le malattie come quella che t'ha travagliata, dimandano attenzioni perché il risanamento si compia bene. Tutto mi move a sperare che sia stato un pericoloso, ma pur salutare sfogo di bile, dopo il quale vivrai sana e rinvigorita per molti anni. - Ti sono obbligato d'aver consacrato qualche istante a scrivermi, è una prova d'amicizia e ti prego di ripeterla quando potrai. - Ho ancora a ringraziarti della lettera tua giuntami in principio dell'anno, mentre io pure a te scrivea. - In questi mesi freddi, io sono stato travagliato da febbri e dolori, or tenendo il letto or no. L'inverno fu pessimo altresì per la marchesa di

[111] *Alla Signora / Quirina Magiotti Firenze*
Autografo nella Biblioteca Marucelliana di Firenze (Manoscritti D36). Pubblicata in S. PELLICO, *Lettere alla donna gentile*, cit. , pp. 204-206.

Barolo; essa da lungo tempo non può uscire di casa. Ha udito con dispiacere la tua malattia e t'augura un perfetto ritorno di buona sanità.
Avrai saputo l'infelice sorte del povero giovane Riccardi Vernaccia che avevamo qui uffiziale! Per pochi debiti s'agitò, s'afflisse, impazzì, e si gettò nel Po; ma già sono corse più settimane ed il corpo non essendosi ritrovato, sperano taluni che non sia morto e viva nascosto in Firenze o altrove. Speranza non molto fondata, cred'io. - La sua famiglia ha fatto pagare i debiti. Non si cessa di fare indagini pel fiume cercando il misero corpo del giovane, e forse le acque l'avranno portato non veduto al mare. Eh quante tristi cose! - Facciamo animo. - E tu, egregia Quirina, consolami con notizie quali desidero della tua cara salute. Addio. - Tante amorevoli parole a' tuoi nipoti; aspetto la memoria intorno alla Maremma, ne sarò gratissimo a Carlo. Ti bacio la mano e sono

il tuo Silvio Pellico

Torino, 9 marzo 47

## 81.

[Torino, 18 aprile 1847][112]

Ottima Quirina
Ti sono obbligato d'avere aggiunto qualche riga tua alla lettera del gentilissimo tuo Carlo, ma se ti avvenisse - il che, spero, non sarà - di durare in quella penosa debolezza, fammi almeno dare le nuove tue da lui. sarò grato ad ambi, e prego Carlo di darmele più spesso. Allorché stai bene, le lunghe lacune di corrispondenza son tollerabili, ma ora finché tu non sia ristabilita, vorrei essere più al corrente della salute tua che tanto mi preme. Non posso nulla, ma prego Dio per te. La tua vita è stata così tessuta di sacrificii, che avendo sofferto molto di afflizioni morali, non hai più d'uopo di mali fisici per acquistar merito di pazienza. Parmi che la tua sanità essendo stata buona quasi in ogni tempo, non debba essere difficile adesso il ritorno delle forze. Il peggio era attraversare l'inverno, e questo passo è varcato; confido per te nei salutari effetti della primavera e nell'aere de' tuoi colli. E vedendo che io medesimo, con miseri polmoni e misero fegato, pur

[112] *Alla Signora / Quirina Magiotti / nata Mocenni / Firenze*
Autografo nella Biblioteca Marucelliana di Firenze (Manoscritti D36). Pubblicata in S. PELLICO, *Lettere alla donna gentile*, cit. , pp. 206-208.

vo campando di anno in anno, presagisco fondatamente che tu meno travagliata da antiche infermità, riavrai lena e appetito e forza a digerire. Ah sì! Mia buona Quirina, lo credo. Fatti animo, facciamoci animo. - Se tu sapessi quanto sono stato ancora ultimamente visitato da soffocazioni e patimenti vivissimi! Da pochi giorni sto alquanto meglio; ma abbiamo qui tuttora un fresco troppo pungente e tempi diseguali e pazzi, e ogni pazzia dell'atmosfera mi reca doloroso squilibrio. Amo il sereno, siccome nelle persone amo la schiettezza, la bontà, il cuore caldo di nobili affetti. Mio caro e gentilissimo Carlo, se Quirina non mi scrive per motivo di salute, mi scriva Ella e non a troppo distanti intervalli, capisce?

Bacio la mano ad Ernestina ed abbraccio Diego.

Addio, Quirina. Se non ti fo ogni volta i saluti della Marchesa, sieno sott'intesi sempre; essa mi domanda spesso di te. - Addio. Abbi sempre presente il tuo

Silvio Pellico

Torino, 18 apr. 47

## 82.

[Torino, 30 maggio 1847][113]

Ottima amica

Il giorno che ricevetti la tua cara lettera, veniva amministrato l'Olio Santo alla buona Marchesa di Barolo, assalita da violentissima angioite. Era dessa in uno stato che sembrava prossimo a morte; avea, tre giorni prima, ricevuto il Viatico; i medici non conservavano speranza, inutili erano state dieci cavate di sangue. Incessanti preghiere s'alzavano e queste furono esaudite. L'infiammazione rallentò quando più si tenea per invincibile, tornò la vita nel corpo ormai esanime, tutti i dolori sono scemati, ed ora l'inferma si può con sicurezza dir salva, non ostante un residuo di febbre. In que' dì tanto mesti per me, la tua lettera m'arrivò come una visita pietosa di persona diletta, e ti fui grato di volermi scrivere tu stessa, sebbene afflitta da' tuoi mali. Ma l'idea del tuo prolungato patire mi ha recato e mi reca vivissima pena. Ti ho ognora presente, ti bramo risanata e lieta, ed imploro questa

---

[113]*Alla Signora / Quirina Magiotti / Firenze*
Autografo nella Biblioteca Marucelliana di Firenze (Manoscritti D36). Pubblicata in S. PELLICO, *Lettere alla donna gentile*, cit. , pp. 208-209.

grazia di tutto cuore. Tu sei piena di bontà e di carità e molti sono in obbligo di pregare per la tua conservazione. Sì, Quirina,, ripiglierai forza, guarirai e se ritorno a Firenze come desidero e spero, ti ritroverò tutta ravvivata e disposta a campare sino a tardi anni, per consolazione de' tuoi figli e di tutti coloro che t'amano. Possa io tale rivederti! Sarà un bel giorno per me, e sarà un dolce compenso pel tempo troppo breve che ho avuto nell'aprile del 46 d'esserti vicino. Abbiti cura, scrivimi qualche riga o fammi scrivere dai figli. Salutali tanto per me. Addio. Penso che sarai in villa e che il buon aere elastico de' colli ti andrà giovando. Così sia.

il tuo Silvio Pellico

Torino, 30 maggio 47

## APPENDICE 1:

## LETTERA AD ERNESTINA MARTELLI, NIPOTE DI QUIRINA MOCENNI MAGIOTTI E MADRE DEL FUTURO CRITICO D'ARTE DIEGO MARTELLI CHE DONERÀ A FINE '800 LE LETTERE TRA PELLICO E LA MAGIOTTI ALLA BIBLIOTECA "MARUCELLIANA" DI FIRENZE, DOVE ANCORA OGGI SONO CONSERVATE.

[Torino, 24 ottobre 1849][114]

Gentilissima Sig. [a] Ernestina

Qualche tempo fa ricevetti dal cav. Carena un caro vostro ricordo che tengo prezioso, e perché vostro, e perché poesia bella del nostro povero Ugo.[115] Vi rendo le più vive grazie, e godo che mi conserviate un posto nella vostr'anima, tutta bontà e gentilezza. Sono persuaso che l'ottimo sig. Martelli mi fa lo stesso favore. Io vi stimo altamente ambidue per tutte le consolanti cose che di voi dicevami Quirina di dolce e venerata memoria. - Mi sono fermato così poco a Firenze che desidero di ritornarvi. Potrò io adempire il mio voto? - Intanto il mio pensiero corre spesso a voi.

Quanti dolori sopra dolori abbiamo attraversati, dopo la perdita di Quirina! Felice lei che già era fuori di tutti gli affanni nostri! I guastamestieri in politica si sono creduti grand'uomini preferendo le vie dell'iniquità a quelle delle virtù. Eccone oggi i frutti.

V'abbraccio raccolti in fascio, voi ed il sig. Martelli ed il caro Diego. Vivete felici e vogliate bene al vostro

Silvio Pellico

Torino, 24 ott. 1849

---

[114] *All'Egregia Donna / La Sig. Ernestina Mortelli / Firenze*
Autografo nella Biblioteca Marucelliana di Firenze (Manoscritti D36). Pubblicata in S. PELLICO, *Lettere alla donna gentile*, cit. , pp. 209-210.
[115] Laudomia Capineri Cipriani ritiene che il Pellico si riferisca all'edizione delle *Grazie*, curata da F. Orlandini.

APPENDICE 2:

## SCHEDA BIOGRAFICA DI QUIRINA MOCENNI MAGIOTTI (SIENA 1781-FIRENZE 1847):

«*Nessuna donna comprese e amò Foscolo più della Quirina Magiotti; dimenticata spesso da lui, non si mostrò e forse non si sentì offesa, giacché il suo affetto era sì puro e sì alto da non poter esser turbato o scemato per femminili dispetti o rancori. Amò senza pretese, senza esigenze; tollerante, mite; non mai rampognatrice e aspreggiatrice, soccorse al poeta nelle sue strettezze, or palese, or nascosta, delicata sempre. Amò, strano e sublime a dirsi, senza chiedere e pretendere amore; amò confidente d' altri amori del poeta; amò serena, costante, infaticabile nel temperare all' uomo amato le noie e i dolori della vita*».[1]

Figlia di Ansano Mocenni, mercante senese, e di Teresa Regoli studiò al Conservatorio di Santa Maria Maddalena a Siena per poi, nel 1801, sposare Ferdinando Magiotti di Montevarchi, nobile di provincia e pronipote di Raffaello Magiotti ma anche «*un povero infelice, scemo dalla nascita, ma ricco*»[2]

Infatti il «*Maggiore Camillo Magiotti, discendente di una famiglia che si pregia di aver avuto fra i suoi membri uno de' più caldi e stimati amici del Galileo, infelice per l' unico figlio a cui la Natura aveva negato il sacro lume dell' intelletto, amoroso padre volle affidarlo alle cure di una compagna, che dopo la morte del genitore lo custodisse con pari affetto, e ne temperasse la sventura, almeno col mantenergli quegli agi, cui il largo censo consentiva*»[3]

Visse con il marito tra Firenze e Montevarchi e fu l' amico Leopoldo Cicognara, frequentatore del suo salotto fiorentino, che nell' autunno del 1812 le presentò Ugo Foscolo. Tra i due iniziò una storia d' amore che non durò, almeno biblicamente, che lo spazio di 15 giorni.[4]

Difficile dire se Foscolo l'avesse amata davvero o il suo fosse stato solo il capriccio di un momento. Oppure mero interesse visto che per salvarlo dagli strozzini la "*Donna Gentile*", come la chiamava lui nelle lettere, gli fece un prestito piuttosto consistente di 80 zecchini che non rivide mai indietro.

Quando Foscolo lasciò Firenze, nell' estate del 1813, continuò a scriverle per un po' fingendo amore romantico,ma impossibile, poi tenera amicizia e infine solo per questioni relative al suo debito con lei. Fu così che capì di essere stata sedotta e abbandonata, e pure truffata.

Ma la disavventura sentimentale con Foscolo non le fece «*mai trascurare il severo incarico da lei assunto, di guidatrice della famiglia, di amministratrice delle sostanze del Consorte. E siccome queste per non piccola parte consistevano in beni di suolo, cosi per parecchi mesi dell' anno ritraevasi in villa, affine di vigilare le campestri faccende, a cui seppe pur vacare con sì intelligente solerzia che li aumentò, e di alcuni perfezionamenti agrarj indotti pe suoi auspicj nella cultura di quei fondi rustici fu favellato con lode dal Giornale Agrario Toscano*»[5]

Le proprietà terriere dei Magiotti erano a Montevarchi dove Quirina invitò anche Foscolo nell' autunno del 1813 ma lui, con una scusa, glissò.

Nel ricordo di Foscolo intrattenne amicizie con Giuseppe Mazzini e Silvio Pellico e dopo il 1830 si dedicò ad opere pie ed assistenziali soprattutto in favore dell' infanzia.

Poi però «*ella comincio' a sentirsi fieramente aggravata da un incomodo negli organi digestivi [...] che, cresciuto ruinosamente l' acerbo malore, con animo fermo e sereno, quantunque straziata da acutissimi dolori, assistita da' suoi, ai quali poco prima di spirare disse le estreme parole di consiglio e di amore, terminò la vita la mattina del 3 di luglio 1847. I suoi avanzi riposano nei chiostri di Santa Maria Novella*»[6]


**Note**

1. Gino Capponi, *I Contemporanei italiani*, Torino, 1862, pagg. 75-76.
2. Silvio Pellico, *Opere Scelte* a cura di Carlo Curto, Roma, 1978², pag. 778.
3. Francesco Silvio Orlandini, *Poesie di Ugo Foscolo*, Firenze, 1856, pag. 204.
4. *Revue des Deux Mondes*, XXIV Année, Tome VII, 1 luglio 1854, Paris, pag. 934.
5. Orlandini, cit. pag. 205.

# UNA BIOGRAFIA DETTAGLIATA DI QUIRINA TRATTA DAL "DIZIONARIO BIOGRAFICO DEGLI ITALIANI"

MOCENNI, Quirina. – Nacque a Siena il 24 giugno 1781 da Ansano e da Teresa Regoli.

Il padre, un ricco mercante senese che l'epistolario di Luisa Stolberg contessa d'Albany descrive come un uomo gretto e irascibile, fu un abile amministratore e un repubblicano convinto e aderì alle idee della Rivoluzione francese. Nel 1778 aveva sposato in seconde nozze Teresa Regoli, che fu l'animatrice di un salotto frequentato da alcune figure di spicco (Francesco Gori Gandellini, Mario Bianchi, Ansano Luti, Giuseppe Ciaccheri) della rinascita culturale senese degli anni di Pietro Leopoldo e da quanti soggiornavano a Siena, come Vittorio Alfieri, che si legò a lei d'una profonda amicizia.

Seconda di cinque figli, la M. crebbe dunque in un ambiente ricco di stimoli culturali e studiò presso il conservatorio di S. Maria Maddalena a Siena. Fallito un primo progetto di matrimonio con un ricco mercante romano, l'8 luglio 1802 fu data in sposa a Ferdinando Magiotti di Montevarchi, uomo mentalmente fragile, unico figlio del capitano Camillo Magiotti. Il matrimonio, celebrato il 20 ag. 1802, le assicurò un'esistenza agiata ma infelice. Nelle sue lettere, la contessa d'Albany la descrive come una giovane donna triste e sgraziata, poco avvenente, ostaggio di un suocero avaro e tirannico, alla perpetua ricerca di quella felicità che il matrimonio non poteva offrirle. La coppia fissò la propria residenza tra San Leolino, dove si trovavano i possedimenti del marito, e Firenze, dove la M. risiedette occupandovi varie dimore spesso in assenza del marito, e dove tenne, come già la madre a Siena, un importante salotto in cui faceva mostra di un gusto spiccato per le lettere e le arti. Qui, nell'estate del 1805, conobbe il generale Luigi Colli, cui si legò per qualche tempo. Questi impose al vecchio capitano Magiotti una revisione del contratto di matrimonio più vantaggiosa per la Mocenni. Nell'«obbligazione» in favore della nuora, stesa il 10 marzo 1806, Camillo Magiotti le attribuiva una pensione di 52 paoli al mese e una controdote di 3000 scudi, riconoscendo che «la stupidità di mente e ragione delle facoltà intellettuali» del figlio aveva fatto mancare alla «Quirina qualunque risorsa dalla contratta società coniugale con immenso sacrifizio della sua giovine Età, e di quella cultura di spirito, che aveva sorbito dalla ricevuta educazione».

Tuttavia l'avvenimento più importante della vita della M. fu l'incontro con Ugo Foscolo, avvenuto a Firenze nell'ottobre del 1812 per il tramite di Leopoldo e Massimiliana Cicognara. I due si conobbero nelle sale dell'albergo delle Quattro nazioni, dove il poeta alloggiava, come i coniugi Cicognara, di cui la M. era intima amica. Tra i due nacque rapidamente una relazione amorosa, che fu la più lunga e costante dello scrittore. Benché questi si fosse poi invaghito di Eleonora Nencini, il legame durò dall'estate del 1812 all'autunno del 1813 e l'amore e l'amicizia della M. non vennero mai meno, anche dopo che il poeta ebbe trasferito la propria dimora a Bellosguardo.

Il 15 nov. 1813, lasciando definitivamente Firenze, Foscolo la destinò curatrice di tutti gli effetti lasciati a Bellosguardo e dei libri restati presso di lei, nella casa di via de' Servi. I due non s'incontrarono mai più, anche se Foscolo, scrivendole da Hottingen nel 1816, le propose di sposarlo e, nel 1819, sembrò accondiscendere alla proposta, poi andata a monte, di un incontro a Calais.

La M., che sola conservò tra le tante donne amate da Foscolo l'epiteto di «donna gentile», rimase in contatto epistolare con il poeta e continuò ad assisterlo, anche finanziariamente, negli anni successivi, durante l'esilio svizzero prima, e quello inglese dopo.

La corrispondenza tra la M. e Foscolo copre un periodo di quasi undici anni, dall'ottobre del 1812 al giugno del 1823, e, benché si fosse diradato notevolmente dopo il 1819, interrompendosi per ventidue mesi fino al novembre del 1821, mostra come il loro rapporto si trasformò in un affetto calmo e tranquillo, ben diverso dagli slanci appassionati di molte altre storie d'amore del poeta. Accanto alle espressioni d'amore, calde ma mai esaltate, Foscolo dà notizie di sé, ne chiede della M., le invia qualche libro da leggere, fissa i loro appuntamenti, la rende partecipe delle sue vicissitudini personali, le confessa le sue strettezze economiche, la rassicura del suo affetto. Soprattutto nei primissimi anni, si rivolge a lei come «amica», «sorella», «quasi moglie» e insieme «madre» e «figliuola». Egli testimoniò il proprio affetto per la M. destinandole, così come a Susetta Füssli e a Matilde Dembowski Viscontini, una delle tre copie dei Vestigi della storia del sonetto italiano dall'anno MCC al MDCCC (Zurigo). Nella sua dedica, datata «Hottingen, 1 gennaio 1816», Foscolo le offriva il pegno di una presenza ideale e di un'amicizia imperitura: «mi compiaccio di mandarvi tal cosa fatta segnatamente per voi; affinché se per gli anni avvenire la fortuna mi contendesse di ricevere i doni vostri graziosi, e di mandarvi alcuno de' miei, voi rileggendo ad ogni principio d'anno questo libretto, possiate, donna gentile, e ricordarvi e accertarvi ch'io vissi e vivrò, sino all'ultimo de' giorni miei, vostro amico».

L'aiuto e la fedeltà della M. per il poeta si concretizzarono fin dai primi mesi dell'esilio nell'assistenza al cugino Stefano Bulzo e poi, al principio del 1816 con la complicità di Silvio Pellico, nell'acquisto, sotto anonimato e per 1462 lire italiane, dei 444 volumi che Foscolo aveva lasciato a Milano, salvati così in gran parte dalla dispersione. È noto dal carteggio tra Pellico e Foscolo che la M. avrebbe desiderato che, giunto in Inghilterra, lo scrittore recuperasse i volumi, ma l'incertezza sulla sua destinazione finale e i costi elevati del loro sdoganamento, che avrebbero gravato ulteriormente il suo già magro bilancio, fecero naufragare il progetto. Sicché la piccola biblioteca milanese di Foscolo restò in casa di Luigi Porro, dove Pellico risiedette fino al suo arresto, nel dicembre del 1820. Allontanatosi da Milano anche Porro, nell'autunno del 1821 la M. incaricò un vecchio amico senese, Giulio Del Taja, che già era servito da intermediario tra lei e Foscolo, di recuperare i libri postillati e i manoscritti del poeta e di vendere quelli restanti. Al principio del 1822, tuttavia, i volumi trovati da Del Taja in casa Porro non erano più che 338 e solo i pochi annotati dal poeta furono ricongiunti alla piccola biblioteca che lo scrittore aveva lasciato a Firenze nel 1813.

In occasione del falso acquisto dei libri foscoliani, nel gennaio del 1816, prese avvio il lungo carteggio tra la M. e Pellico, costruito a partire dalla comune amicizia per lo scrittore (come testimonia l'epiteto, «Amica del mio Amico», con cui si rivolge a lei nelle lettere). Lo scambio epistolare, che si interruppe solo con l'arresto e la prigionia di Pellico, durò fino alla morte della M. e fu contraddistinto da una stima e da un'amicizia profonde, velate di tenero affetto, che non vennero meno neppure quando Pellico, dopo l'apparizione dell'edizione Caleffi, le rimproverò la pubblicazione del carteggio con Foscolo, che gli parve tesa solo a confortare il ruolo d'eccezione che la donna aveva avuto nella vita dello scrittore.

Non diversamente, l'abbondante materiale foscoliano, in gran parte autografo, recuperato dalla M. le servì a costruire il suo ruolo di custode privilegiata della memoria foscoliana contro i detrattori dello scrittore. Fin dal principio del 1830 infatti, e ancor più dopo la pubblicazione della fortunata biografia foscoliana di Giuseppe Pecchio, che provocò il suo risentito disappunto, la M. espresse la volontà di consegnare ai posteri un'immagine documentata e non aneddotica del poeta. A tal fine collaborò con quanti si rivolsero a lei, raccomandati spesso da amici fidati o da Giulio Foscolo (con cui fu a lungo in contatto), per chiederle aiuto e materiale per edizioni e biografie dello scrittore, di cui restò poi sempre scontenta.

Tale fu il caso dei Ragguagli di Michele Leoni (1829), o dell'edizione curata da Emilio De Tipaldo, al quale aveva concesso di esaminare e ricopiare gli scritti in suo possesso o, ancora, dell'edizione delle Scelte opere di U. Foscolo (1835) allestita da Giuseppe Caleffi. Ciò nonostante, la M. continuò a collaborare alle principali edizioni foscoliane che si pubblicarono in quegli anni, dalle Prose e poesie edite ed inedite di U. Foscolo di Luigi Carrer (1842), agli Scritti politici inediti di U. Foscolo di Giuseppe Mazzini (1844).

Della collaborazione con Mazzini resta una fitta corrispondenza che si protrasse dal novembre del 1838 al dicembre del 1843. Mazzini era entrato in contatto con Enrico Mayer e con la M. dopo aver inutilmente avvicinato Giuseppe Ruggia, già impegnato con De Tipaldo, per la pubblicazione di una biografia di Foscolo. La M. e Mazzini, pur profondamente differenti per aspirazioni e carattere, trovarono allora un solido punto d'incontro nella difesa della memoria foscoliana. Se il loro rapporto finì per soffrire delle reciproche incomprensioni, dopo l'iniziale diffidenza della M., fu però animato da profonda stima e fiducia, al punto che la M., disperando ormai

115

nel lavoro di De Tipaldo, preparò nel maggio del 1840 nove «volumetti di carte e autografi» foscoliani, che Mayer si incaricò di fare consegnare a Mazzini per il tramite di Thomas Webster. I continui ritardi cui lo obbligavano l'impegno politico, l'impresa della «scuola gratuita» e la necessità di trovare continuamente forme di sostentamento, tuttavia, spazientirono la M., che nel marzo del 1843 espresse con asprezza a Mazzini la propria delusione e reclamò la restituzione dei volumi manoscritti. A esasperarla fu soprattutto la pubblicazione del commento foscoliano alla Commedia (1842-43) e quella, ormai imminente, degli Scritti politici (1844), che le levarono ogni speranza di vedere infine realizzata la tanto agognata biografia foscoliana. La M. incaricò allora Mayer, in viaggio in Inghilterra, di recuperare i preziosi manoscritti, che le furono recapitati alla fine di dicembre del 1843. L'episodio, nonostante i successivi tentativi di riallacciare i rapporti, segnò la fine di ogni contatto con Mazzini.

L'occasione di erigere quel monumento alla memoria di Foscolo, che cercava invano di realizzare da anni, le fu offerta dalla pubblicazione delle carte dello scrittore rimaste a Londra alla sua morte. Recuperati da Mayer, Gino Capponi e Pietro Bastogi fin dal 1837, i manoscritti londinesi, insieme con le carte conservate dalla M. consentirono infatti l'allestimento di quella che sarebbe diventata l'edizione delle Opere edite e postume, curata da Mayer e da Francesco Silvio Orlandini e pubblicata dall'editore Le Monnier tra il 1850 e il 1862.

Nella vasta impresa, la M. lavorò soprattutto alla ricostruzione delle Grazie, opera lasciata incompiuta da Foscolo, a partire dai frammenti conservati tra i manoscritti londinesi. Vi lavorò per tre anni a partire dal 1841, e il frutto di quel lavoro, cui aveva invano tentato di associare G.B. Niccolini, fu pubblicato postumo nel 1848, non senza integrazioni e correzioni sostanziali, per cura di Orlandini, segretario dell'Accademia Labronica.

La M. morì a Firenze il 3 luglio 1847; fu sepolta nel chiostro di S. Maria Novella.

Nel suo testamento nominava erede universale, affidandole il gravoso incarico di prendersi cura del marito Fernando, la nipote Ernesta Mocenni, figlia del fratello Fabio e di Carlotta Giusti, che aveva allevato ed educato come una figlia fin dal 1826. Al marito di lei, Carlo Martelli, uomo di vasti interessi culturali e scientifici, vicino al circolo di G.P. Vieusseux, lasciò invece, come si legge nel testamento, «tutti i suoi pochi libri e tutte le carte scritte e legate alla rinfusa e coperte con cartoncino». Alla morte di Martelli (1861) l'importante fondo manoscritto e la biblioteca foscoliana della M. passarono per successione al figlio Diego. Questi, dopo aver venduto nel 1884 alla Biblioteca nazionale di Firenze tutti i manoscritti e le carte di Foscolo, legò nel 1897 alla Biblioteca Marucelliana, frammisti a vario altro materiale (tra cui i quaderni autografi della M. e il carteggio tra lei e Pellico), i libri, manoscritti e lettere di interesse foscoliano che erano appartenuti alla M. e che costituiscono il Fondo Martelli.

**Fonti e Bibl.**: Firenze, Biblioteca Marucelliana, Carteggio generale (o Autografi), CCLVI, MXXV; Fondo Martelli, D.1.1$^A$: Scritta matrimoniale, 8 luglio 1802; D.1.1$^C$: Obbligazione verso la nuora Q. M.-Magiotti, 10 marzo 1806; D.1.3: Testamento olografo, 12 apr. 1847; D.1.25, 1.29, 1.33, 3.25, 3.26, 3.27, 3.30, 3.33; Ibid., Biblioteca nazionale, Foscolo,II.a, III.g, IX.h, X.a-l, n , XI.a-h, XII.a; altro materiale manoscritto della M. in: Carteggi vari, 317.70-73; 146, 431.193, 447.93; Carteggio Pal. Del Furia, 82.175 1; Carteggio Tommaseo, 98-38; Carteggio Vieusseux, 59-139; Scelte opere di Ugo Foscolo in gran parte inedite sì in prosa che in verso, con cenni biografici e note, a cura di G. Caleffi, Firenze 1835, passim; Prose e poesie edite ed inedite di Ugo Foscolo..., a cura di L. Carrer, Venezia 1842, passim; La Commedia di Dante Allighieri illustrata da Ugo Foscolo, Londra 1842-43, passim; Scritti politici inediti di Ugo Foscolo, raccolti a documentarne la vita e i tempi, a cura di G. Mazzini, Lugano 1844, passim; Le Grazie, carme di Ugo Foscolo, a cura di F.S. Orlandini, Firenze 1848; Opere edite e postume di Ugo Foscolo, IX,Poesie, a cura di F.S. Orlandini, Firenze 1856, pp. 195-206; Epistolario, compreso quello amoroso, di Ugo Foscolo e Q. M. Magiotti, riprodotto dagli autografi esistenti nella R. Biblioteca nazionale centrale di Firenze, a cura di E. Del Cerro, Firenze 1888; Lettere inedite di Silvio Pellico alla «Donna Gentile», a cura di L. Capineri-Cipriani, Roma 1901; Epigoni foscoliani. Giulio Foscolo a Q. M.-M.: lettere inedite, a cura di Z. Benelli, Firenze 1902; Lettres inédites de la comtesse d'Albany à ses amis de Sienne 1797-1820, a cura di L.-G. Pélissier, I, Paris 1904; II, Toulouse 1912; III, ibid 1915; G. Mazzini, Epistolario, in Edizione nazionale delle opere di G. Mazzini, Imola 1910-41, in particolare II, IV, VII, VIII-XIII, passim; U. Foscolo, Epistolario, in Edizione nazionale delle opere di U. Foscolo, Firenze 1949-94, in particolare IV, VI-IX, passim; **S. Pellico**, Lettere milanesi (1815-'21), a cura di M. Scotti, Torino 1963, passim; Id., **Lettere alla scrittrice**

fiorentina Q. M. Magiotti (1830-1847), a cura di C. Contilli, London 2010; G. Pecchio, Vita di Ugo Foscolo, Lugano 1830, passim; E.A. Brigidi, Giacobini e realisti o il viva Maria. Storia del 1799 in Toscana, con documenti inediti, Siena 1882, passim; R. Tomei, La donna gentile di Ugo Foscolo, Lanciano 1889; G. Caprin, Gli amori di Ugo Foscolo nelle sue lettere, Bologna 1892, passim; G. Chiarini, Gli amori di Ugo Foscolo nelle sue lettere. Ricerche e studi, I, Bologna 1892, pp. 370-405; A. Linaker, La vita e i tempi di Enrico Mayer con documenti inediti della Storia della educazione e del Risorgimento italiano (1802-1877), Firenze 1898, passim; E. Argentieri, La donna gentile del Foscolo, Napoli 1910; G. Chiarini, La vita di Ugo Foscolo, premessi alcuni cenni e documenti su Giuseppe Chiarini da Guido Mazzoni, Firenze 1910, passim; P. Rossi, La donna gentile, Q. M.-Mocenni, Ugo Foscolo e Silvio Pellico, in Bullettino senese di storia patria, XXXII (1925), pp. 121-150; P. Schinetti, Foscolo innamorato, con un saggio dell'epistolario amoroso, Milano 1927, passim; F. Bariola, La donna gentile, in Studi su Ugo Foscolo editi a cura della R. Università di Pavia nel primo centenario della morte del poeta, Torino 1927, pp. 353-367; G. Lesca, La donna gentile. Un'amicizia importante, in Ugo Foscolo a Firenze, Firenze 1928, pp. 81-139; A. Linaker, I manoscritti del Foscolo e la prima edizione delle opere, ibid., pp. 165-188; E. Michel, Magiotti M., Q., in Dizionario del Risorgimento nazionale, Milano 1933, p. 348; A. Monti, donne e passioni del Risorgimento, Milano 1935, ad ind.; L. Parigi, Per ricordare Q. Magiotti M., la donna gentile, dopo che è stato inaugurato il monumento ad Ugo Foscolo in S. Croce di Firenze, Firenze 1939; Magiotti Mocenni Q., in Enc. biografica e bibliogr. «Italiana», F. Orestano, Eroine, ispiratrici e donne di eccezione, Milano 1940, p. 235 s.; R.U. Montini, Il Pellico, la «donna gentile» e i libri del Foscolo, in Rassegna storica del Risorgimento, XXVII (1940), 1, pp. 73 s.; G. Caprin, Due donne per un poeta (Ugo Foscolo). Racconto nella storia, Milano 1943; G. Nicoletti, La biblioteca foscoliana della «donna gentile», in La biblioteca fiorentina del Foscolo nella Biblioteca Marucelliana, premessa di L. Caretti, introduzione, catalogo, appendice a cura di G. Nicoletti, Firenze 1978, pp. 5-41; C. Del Vivo, Atto Vannucci, la donna gentile, Ugo Foscolo: una dimenticata antologia delle «Grazie», in Antologia Vieusseux (1985), 72, pp. 46-83; P.C. Masini, Una ritrovata traduzione di Lucrezio e una inedita stesura del sonetto «Alla sera». Nuove pagine foscoliane, in Nuova Antologia, CXX (1985), 2154, pp. 256-277; C. Sisi, Eredità del Settecento: classicismo, filantropia e l'esprit del salotto Mocenni, in La cultura artistica a Siena nell'Ottocento, Cinisello Balsamo 1994, pp. 57-92; E. Bellini, Pellico, Foscolo e la «donna gentile», in Aevum, LXXI (1997), 3, pp. 769-

118

799; Il poeta e il tempo. La Biblioteca Laurenziana per Vittorio Alfieri (catal.), a cura di P. Luciani - C. Domenici - R. Turchi, Firenze 2003, ad indicem.

http://www.treccani.it/enciclopedia/quirina-mocenni_(Dizionario-Biografico)/

**BIBLIOGRAFIA:**

**Internet:**

http://it.wikipedia.org/wiki/Quirina_Mocenni_Magiotti

http://www.chieracostui.com/costui/docs/search/schedaoltre.asp?ID=8310

http://www.internetculturale.it/directories/ViaggiNelTesto/foscolo/c17.html

http://www.classicitaliani.it/foscolo/poesia/foscolo_grazie_orlandini3.htm

http://www.tesionline.it/default/tesi.asp?idt=23095

**"Visitatemi per lettera" - Il carteggio Ugo Foscolo - Quirina Mocenni Magiotti**

Il lavoro si propone di tracciare un profilo del carteggio privato tra Ugo Foscolo e Quirina Mocenni Magiotti, che ben si inserisce nel contesto della tradizione della scrittura epistolare, cara al poeta.

http://www.internetculturale.it/opencms/directories/ViaggiNelTesto/foscolo/c17-f.html

http://www.classicitaliani.it/foscolo/critica/gori_biografia_di_foscolo.htm

http://www.sanleolinodibucine.it/MagiottiFoscolo.aspx

http://www.wikideep.it/quirina-mocenni-magiotti/

**Libri:**

G. CAPPONI, *I Contemporanei italiani*, Torino, 1862.

U. FOSCOLO, *Opere scelte di Ugo Foscolo: in gran parte inedite si in prosa che in verso con nuovi cenni biografici e note del professore* G. CALEFFI, [Firenze], Poligrafica fiesolana, 1835.

Id., *Opere edite e postume*, raccolte e ordinate da F. S. ORLANDINI, Firenze, Le Monnier, 1856.

G. B. NICCOLINI, *Giovanni da Procida: tragedia*, Capolago, Tipografia Elvetica, 1831.

G. PECCHIO, *Vita di Ugo Foscolo scritta da Giuseppe Pecchio*, Lugano, Giuseppe Ruggia e C., 1830.

S. PELLICO, *Opere scelte*, Torino, Utet, 1978[2].

ID., *Lettere alla donna gentile*, pubblicate a cura DI LAUDOMIA CAPINERI-CIPRIANI, Roma, 1901.

ID., *Dei doveri degli uomini: discorso ad un giovane di Silvio Pellico da Saluzzo*, Torino, Giuseppe Bocca, 1834.

ID., *Poesie inedite*, Torino, Tipografia Chirio e Mina, 1837, 2 voll.

**ALTRE NOTIZIE UTILI TRATTE DA GOOGLE LIBRI:**

Edizione nazionale delle opere di Ugo Foscolo: Saggi di ... - Volume 11,Parte 2;Volume 17 - Pagina 507
books.google.it/books?id=QKQQAQAAMAAJ
Ugo Foscolo - **1954** - Visualizzazione snippet - Altre edizioni
**A Quirina Mocenni Magiotti - [Firenze X. 1812 ( ? )]. . 186 1244. A Isabella Teotochi Albrizzi - Firenze 30. X. 1812 ... 187 1245. A Silvio Pellico - Firenze 31. X. 1812 188 1246. Al signor Prezziner - [Firenze] 31. X. 1812 189 1247. A Giovan Paolo...**

Poesie - Pagina xxvii
books.google.it/books?isbn=8858617649
Ugo Foscolo - **2010** - Anteprima - Altre edizioni
**...raccomandandolo alle cure di Silvio Pellico, quando alla fine del marzo 1815 fuggì in Svizzera. Il Pellico, accordatosi con Quirina Mocenni Magiotti, colei che il Foscolo chiamò «la donna gentile», vendette a quest'ultima i manoscritti e i libri...**

Politica e amicizia. Relazioni, conflitti e differenze di genere ... - Pagina 25

122

books.google.it/books?isbn=8856821133
Emma Scaramuzza - **2010** - Anteprima - Altre edizioni
...popolata da persone ritenute ignoranti, basse, volgari e la sfera gratificante delle affinità: "Quando tutto nella vita umana mi pare abbietto ed orrendo – scrive Silvio Pellico a Quirina Mocenni Magiotti – penso, per poter sopportare l'esistenza...

Guida Firenze e provincia - Pagina 305
books.google.it/books?isbn=8836505333
**1993** - Anteprima - Altre edizioni
Di straordinaria importanza il legato di Diego Martelli, che contiene una vasta serie di memorie foscoliane, relative a Quirina Mocenni Magiotti, nonché un cospicuo carteggio della «Donna gentile» con Silvio Pellico

Silvio Pellico - Pagina 268
books.google.it/books?id=iV1JAAAAMAAJ
Federico Ravello - **1954** - Visualizzazione snippet - Altre edizioni
Nel viaggio di ritorno, si trattenne a Firenze e sui lieti colli toscani ebbe la somma gioia di conoscere personalmente la « donna gentile », Quirina Mocenni- Magiotti, l'amica buona e generosa del Foscolo, con cui Silvio era in affettuosa corrispondenza...

Silvio Pellico: carbonaro, cristiano e profeta della nuova Europa - Pagina 283
books.google.it/books?isbn=8845241394
Aldo A. Mola - **2005** - Visualizzazione snippet
1 II 12 maggio 1834 Pellico scrisse a Quirina Mocenni Magiotti:"Due generi di fanatici mi sono contrari (e se non fosse così varrei poco) - coloro che si credono liberali, desiderando alla cieca rivolte plebee ed irreligione - coloro che si credono...

Le carte Vannucci nell'Archivio contemporaneo del Gabinetto G.P. ... - Pagina 20
books.google.it/books?id=qkMXAQAAIAAJ
Caterina Del Vivo, Gabinetto scientifico letterario G.P. Vieusseux. Archivio contemporaneo - **1986** - Visualizzazione snippet
[Mocenni Magiotti] e per chi altro ritenga opportuno. Ringrazia la stessa signora Quirina per aver scritto a Silvio [Pellico]. La moglie di

Carlo Mazzoni sta molto meglio. 58) [Prato, agosto-settembre 1841], 2 cc.mss.f.te a Carlo Martelli - Firenze.

Silvio Pellico - Pagina 17
books.google.it/books?id=skE_AAAAIAAJ
Raffaello Barbiera - **1926** - Visualizzazione snippet
Il Pellico, delicatissimo, non rivelò l'atto generoso, segreto d' una donna, che rimane nella storia foscoliana col dolce nome di Donna gentile. Costei era Quirina Magiotti-Mocenni di Firenze, brutta, è vero, come il suo prediletto cagnolino...

Lettere inedite: tratte daggli autografi, con note e documenti - Pagina 198
books.google.it/books?id=hJYHAAAAQAAJ
Ugo Foscolo - **1873** - Visualizzazione snippet - Altre edizioni
L'illustre Silvio Pellico fu uno de' più caldi e sinceri amici di Ugo e Giulio Foscolo. Quanto ai libri, di cui qui parla Giulio, è da sapersi cosa che torna ad onore del Foscolo e di quella incomparabile donna che fu la Quirina Mocenni-Magiotti,